Henri J. M. Nouwen

Zeige mir den Weg

Henri J. M. Nouwen

Zeige mir den Weg

Texte für alle Tage
von Aschermittwoch bis Ostern

Herausgegeben von
Franz Johna

Herder
Freiburg · Basel · Wien

Umschlagbild: *Kopf des Gekreuzigten.* Ausschnitt eines Kreuzes aus St. Georg in Köln (um 1070); Schnütgen Museum.

Herstellung: Freiburger Graphische Betriebe 1990
ISBN 3-451-21839-9

Vorwort

„Zeige mir, Herr, deinen Weg!" Das Verlangen des Gottsuchers in den Psalmen (vgl. 25,4; 27,11; 86,11) ist auch die eindringliche Bitte des Menschen heute, der den Pilgerweg des Glaubens eingeschlagen hat. Viele haben diesen Weg beschrieben und dabei deutlich gemacht, daß er keine breite Straße ist, sondern ein enger und schmaler Pfad, der zum „Tor zum Leben" führt (vgl. Mt 7,13f).

Wie ein roter Faden durchzieht die „Wegsuche" die Bücher Henri Nouwens. Sie sind Markierungen zu entschiedener Nachfolge, tiefer Gottes- und Menschenliebe. Stille und Gebet treten in ihnen hervor als der Raum und der Atem des Glaubens, Umkehr und Erneuerung, schmerzliches Abschiednehmen und mutiger Neuanfang als Stationen, sich der drängenden Liebe immer wieder zu öffnen. Christliches Leben ist dabei niemals Verschlossenheit. Immer verwirklicht es sich mitten in der Welt, in der Tat der Liebe, in schöpferischem Handeln für die Menschen.

Zum Weg durch die Fastenzeit gehört neben dem „Ablegen der Werke der Finsternis" und dem „Anziehen der Werke des Lichts" die täglich erneuernde Einübung in das Gebet. „Beten heißt vor allem, der Stimme Jesu zu lauschen, der in der Tiefe des Herzens wohnt", sagt Henri Nouwen, ein Lehrmeister des Gebets. „Jesus drängt sich nicht auf, seine Stimme ist zurückhaltend. Was immer im Leben wir auch tun mögen: versäumen wir nie, auf die Stimme des Herrn in unserem Herzen zu lauschen; denn in unserer ruhelosen und lauten Welt wird die liebevolle Stimme

Gottes leicht übertönt. Halten wir für dieses aktive Hinhören auf Gott jeden Tag eine bestimmte Zeit frei, und seien es auch nur zehn Minuten. Jeden Tag zehn Minuten nur für Jesus, das kann das Leben von Grund auf verändern."

Für eine solche Zeit des Gebets und der Einkehr an „allen Tagen von Aschermittwoch bis Ostern" wollen die Texte dieser Sammlung – die aus den Werken Henri Nouwens ausgewählt wurden (vgl. S. 143) – Anstoß und Anleitung geben. Als ein Begleitbuch durch die Fastenzeit stellt es dem Beter das WORT GOTTES vor Augen in einem kurzen Text aus der Lesung oder dem Evangelium des jeweiligen Tages. Die BESINNUNG darauf führt in die Wirklichkeit des eigenen Lebens und in die Verwirklichung des Glaubens, die sich in einem abschließenden GEBET verdichtet.

So möchte dieses Fastenbuch dazu einladen, den österlichen Weg der Nachfolge neu zu wagen.

Franz Johna

Inhalt

Aschermittwoch

WORT GOTTES

„Kehrt um, wendet euch ab von all euren Vergehen! Sie sollen für euch nicht länger der Anlaß sein, in Sünde zu fallen. Werft alle Vergehen von euch, die ihr verübt habt! Schafft euch ein neues Herz und einen neuen Geist! ... Kehrt um, damit ihr am Leben bleibt!"

Ez 18,30b-32

BESINNUNG

Es beginnt die Fastenzeit. Sie ist eine Zeit der besonderen Nähe zu dir, damit wir beten, fasten und dir so auf deinem Weg nach Jerusalem, nach Golgota und zum Sieg über den Tod folgen.

Ich bin immer noch so zerrissen. Ich möchte dir wirklich folgen, aber ich möchte auch meinen Wünschen folgen und den Stimmen Gehör schenken, die von Prestige, Erfolg, menschlichem Ansehen, Annehmlichkeiten, Macht und Einfluß künden. Hilf mir, für diese Stimmen taub zu werden und besser auf deine Stimme zu achten, die mich aufruft, den engen Weg zu wählen, der zum Leben führt.

Ich weiß, daß die Fastenzeit für mich eine sehr schwere Zeit sein wird. In jedem Augenblick meines Lebens muß ich mich für deinen Weg entscheiden. Ich muß mich für Gedanken entscheiden, die deine Gedanken sind, für Worte, die deine Worte sind, und für Werke, die deine Werke sind. Immer und überall muß ich meine Wahl treffen. Und ich weiß, wie sehr ich mich dagegen sträube, dich zu erwählen und dir nachzufolgen.

Herr, sei mir, bitte, immer und überall zur Seite. Gib mir die Kraft und den Mut, in dieser Zeit treu zu sein, so daß ich am Osterfest voll Freude das neue Leben verkosten kann, das du mir bereitet hast.

Gottes Barmherzigkeit ist größer als unsere Schuld. Es gibt ein Sündenbewußtsein, das nicht zu Gott, sondern zur Beschäftigung mit sich selbst führt. Unsere Versuchung besteht darin, uns so sehr von unseren Sünden und Fehlern niederdrücken zu lassen und von unserem Mangel an Großmut so überwältigt zu sein, daß wir in lähmende Schuld geraten. Die Schuld sagt: „Ich verdiene nicht Gottes Barmherzigkeit, denn meine Sünde ist zu groß." Die Schuld ist es, die uns zur Selbstbespiegelung führt, statt unsere Augen auf Gott zu lenken. So ist die Schuld zum Götzen und deshalb zu einer Form von Stolz geworden.

Es ist der Sinn der österlichen Bußzeit, diesen Götzen zu beseitigen und unsere Aufmerksamkeit auf unseren liebenden Herrn zu richten. Die Frage ist: „Sind wir wie Judas, der so sehr von seiner Schuld übermannt war, daß er nicht mehr an Gottes Barmherzigkeit glauben konnte und sich erhängte, oder sind wir wie Petrus, der voll Reue zu seinem Herrn zurückkehrte und seine Sünde bitterlich beweinte?"

Die Fastenzeit, in der Winter und Frühling um die Herrschaft ringen, hilft uns in besonderer Weise, nach Gottes Erbarmen zu rufen.

GEBET

Getreuer Gott, im Vertrauen auf dich
beginnen wir
die vierzig Tage der Umkehr und Buße.
Gib uns die Kraft zu christlicher Zucht,
damit wir dem Bösen absagen
und mit Entschiedenheit das Gute tun.
Darum bitten wir durch Jesus Christus.

Tagesgebet

Donnerstag
nach Aschermittwoch

WORT GOTTES

„Liebe den Herrn, deinen Gott, hör auf seine Stimme, und halte dich an ihm fest; denn er ist dein Leben."

Dtn 30,20a

BESINNUNG

Ein Leben im Glauben ist ein Leben in Dankbarkeit – d. h. ein Leben, in dem ich bereit bin, mich jederzeit ganz und gar von Gott abhängig zu wissen und ihn unaufhörlich für das Geschenk des Lebens dankbar zu preisen. Wirklich eucharistisch zu leben heißt, Gott immer dankzusagen, Gott immer zu preisen und sich von der Fülle der Liebe und Güte Gottes immer mehr überraschen zu lassen. Wie kann solch ein Leben nicht auch ein frohes Leben sein? Es ist das Leben der wahren Bekehrung, das durch und durch auf Gott ausgerichtet ist. Da ist die Dankbarkeit Freude, und die Freude ist Dankbarkeit, und alles wird unversehens zu einem Zeichen der Gegenwart Gottes.

Jedesmal, wenn Jesus zu Menschen, die er geheilt hat, sagt: „Dein Glaube hat dir geholfen", meint er damit, daß sie deswegen neues Leben empfangen haben, weil sie sich voll Vertrauen der Liebe Gottes, durch Jesus Christus offenbart, anheimgegeben haben.

Vertrauen auf die bedingungslose Liebe Gottes: das ist der Weg, den Jesus uns weist. Je besser wir dies verstehen, desto eher werden wir einsehen, weshalb es in unserer Welt soviel Mißtrauen, Eifersucht, Bitterkeit, Rachegelüste, Haß, Gewalt und Zwietracht gibt. Jesus selbst erklärt es, wenn er Gottes Liebe mit dem Licht vergleicht. Er sagt: „Denn mit dem Gericht verhält es sich so: Das Licht kam in die Welt, und die Menschen liebten die Finsternis mehr als das Licht; denn ihre Taten waren böse. Jeder, der Böses tut, haßt das Licht und kommt nicht zum Licht, damit seine Taten nicht aufgedeckt werden. Wer aber die Wahrheit tut, kommt zum Licht, damit offenbar wird, daß seine Taten in Gott vollbracht sind" (Joh 3,19-21).

Jesus sieht das Böse in dieser Welt als Folge eines zu geringen Vertrauens auf Gottes Liebe. Er macht deutlich, daß wir andauernd um uns selber kreisen; daß wir mehr auf uns selbst vertrauen als auf Gott und daß wir mehr zur Eigenliebe als zur Gottesliebe neigen. Dadurch bleiben wir in der Finsternis. Erst wenn wir ins Licht treten, können wir mit großer Freude und Dankbarkeit erkennen, daß alles, was gut, schön und wahr ist, von Gott kommt und uns in Liebe angeboten wird ...

GEBET

O Gott, keinem von uns bist du fern.
Denn in dir leben wir,
bewegen wir uns und sind wir.

Du, der du über die Zeiten
der Unwissenheit hinweggesehen hast,
läßt jetzt den Menschen verkünden,
daß überall alle umkehren sollen.

Vgl. Apg 17,27f

Freitag
nach Aschermittwoch

WORT GOTTES

„Denn ich bin gewiß: Weder Tod noch Leben, weder Engel noch Mächte, weder Gegenwärtiges noch Zukünftiges, weder Gewalten der Höhe oder Tiefe noch irgendeine andere Kreatur können uns scheiden von der Liebe Gottes, die in Christus Jesus ist, unserem Herrn.“

Röm 8,38f

BESINNUNG

Durch Jesus Christus ist die Liebe Gottes sichtbar geworden. Wie ist diese Liebe durch Christus sichtbar gemacht worden? Auf dem Weg des Hinabsteigens. Hierin liegt das große Geheimnis der Menschwerdung. Gott ist hinabgestiegen zu uns Menschen, um mit uns Mensch zu werden; und nachdem er dann unter uns weilte, stieg er zur absoluten Armut eines zum Tode Verurteilten hinab. Es ist nicht leicht, diesen hinabsteigenden Weg Jesu wirklich mit unserem Herzen zu erspüren und zu begreifen. Unser ganzes Wesen wehrt sich dagegen. Wir sind gerne bereit, uns vorübergehend um irgendwelche Arme zu kümmern – aber selbst in den Stand der Armut hinabsteigen und mit den Armen arm werden, das wollen wir nicht. Und doch ist dies der Weg, den Jesus gewählt hat ...

Dieser Weg ist nur betend zu verstehen. Je mehr man auf Gott hört, der in unserer Seele spricht, um so eher wird man die Stimme vernehmen, die uns einlädt, dem Weg Jesu zu folgen. Denn sein Weg ist auch Gottes Weg, und der Weg Gottes ist nicht nur für Jesus da, sondern für jeden, der Gott wirklich sucht. Hier rühren wir an die harte Wahrheit, daß der hinabsteigende Weg Jesu auch für uns der Weg ist, um Gott zu finden. Jesus zögert keinen Augenblick, um uns dies klarzumachen.

Das Geheimnis der Gottesnähe kann man nur durch die tiefe Erfahrung seiner Ferne berühren. Mitten in unserer Sehnsucht nach dem fernen Gott entdecken wir seine Spuren und stellen fest, daß unser Verlangen, Gott zu lieben, aus der Liebe stammt, mit der er uns berührt hat. Im geduldigen Warten auf den Geliebten geht uns auf, wie sehr er unser Leben schon erfüllt hat. Ganz wie die Liebe einer Mutter zu ihrem Sohn noch tiefer werden kann, wenn er in weiter Ferne ist, ganz wie Kinder ihre Eltern erst richtig schätzenlernen können, wenn sie nicht mehr zu Hause sind, ganz wie Liebende einander während langer Trennungszeiten wiederentdecken können, so kann unser inniges Verhältnis zu Gott durch die läuternde Erfahrung seiner Ferne tiefer und reifer werden.

Wenn wir unserer Sehnsucht Gehör schenken, hören wir Gott, der sie geschaffen hat. Wenn wir unsere Stille ganz in der Tiefe berühren, spüren wir, daß liebevolle Hände uns berührt haben. Wenn wir aufmerksam auf unser unendliches Liebesverlangen achten, wird uns immer deutlicher bewußt, daß wir nur lieben können, weil man uns zuerst geliebt hat, und daß wir nur deshalb unser Herz anbieten können, weil wir aus Gottes eigenem tiefstem Herzen stammen ... Nur wenn wir geduldig warten und Ausschau halten, können wir uns allmählich von unseren Illusionen losreißen und mit dem Psalmisten beten:

GEBET

Gott, du mein Gott, dich suche ich,
meine Seele dürstet nach dir.

Nach dir schmachtet mein Leib
wie dürres, lechzendes Land ohne Wasser.

Ich denke an dich auf nächtlichem Lager
und sinne über dich nach, wenn ich wache.

Ja, du wurdest meine Hilfe,
jubeln kann ich im Schatten deiner Flügel.

Meine Seele hängt an dir,
deine rechte Hand hält mich fest.

Ps 63,2f.7-9

Samstag
nach Aschermittwoch

WORT GOTTES

„Jesus sah einen Zöllner namens Levi am Zoll sitzen und sagte zu ihm: Folge mir! Und Levi stand auf, ließ alles liegen und folgte ihm!" Vgl. Lk 5,27-29

BESINNUNG

Unser Leben ist dazu bestimmt, so zu werden wie das Leben Jesu. Jesu gesamtes Wirken dient der Absicht, uns ins Haus seines Vaters heimzuholen. Jesus ist nicht nur gekommen, um uns von den Fesseln der Sünde und des Todes zu befreien, sondern er wollte uns auch in die Intimität seines göttlichen Lebens einführen. Wir können uns nur schlecht vorstellen, was das bedeutet. Wir neigen dazu, vor allem den Abstand zwischen Jesus und uns zu betonen. Wir sehen Jesus als den allwissenden und allmächtigen Sohn Gottes, der in unerreichbarer Höhe über uns sündigen, gebrochenen menschlichen Wesen thront. Aber wenn wir so denken, vergessen wir, daß Jesus gekommen ist, um uns sein eigenes Leben zu schenken. Er ist gekommen, um uns in die Liebesgemeinschaft mit dem Vater emporzuheben. Nur wenn wir diese tiefgreifende Zielsetzung des Wirkens Jesu erfassen, erschließt sich uns, was es bedeutet, ein geistliches Leben zu führen. Alles, was Jesus ist und hat, wird uns angeboten, damit wir Anteil daran haben.

„In der Welt, aber nicht *von* der Welt sein“: Diese Worte bringen kurz und knapp zum Ausdruck, was Jesus mit „geistlichem Leben“ meint. Es ist ein Leben, in dem wir durch den Geist der Liebe völlig umgewandelt werden. Und doch ist es ein Leben, in dem sich nichts zu ändern scheint. Ein geistliches Leben führen bedeutet nicht, daß wir unsere Familien verlassen, unseren Beruf aufgeben müssen; es bedeutet nicht, daß wir uns aus unseren sozialen oder politischen Tätigkeiten zurückziehen oder unser Interesse für Literatur und Kunst verlieren müssen; es erfordert nicht strenge Formen der Askese oder lange Stunden des Gebets. Solche Änderungen können sich tatsächlich als Konsequenz unseres geistlichen Lebens ergeben, und für den einen oder anderen können durchaus radikale Entscheidungen notwendig sein.

Aber das geistliche Leben läßt sich grundsätzlich auf so viele Arten führen, wie es Menschen gibt. Das eigentlich Neue dabei ist der Umstand, daß wir uns vom Vielerlei zum Reich Gottes hingewendet haben. Das Neue dabei ist, daß wir aus den Zwängen unserer Welt befreit sind und unser Herz an das einzig Notwendige gehängt haben. Das Neue dabei ist, daß wir die vielen Dinge, Menschen und Ereignisse nicht mehr als eine endlose Kette von Anlässen zur Sorge empfinden, sondern daß wir anfangen, sie als die bunte Vielfalt der Möglichkeiten zu erfahren, mit denen Gott uns seine Gegenwart spüren läßt.

GEBET

Herr, wenn einer dir dienen will,
so muß er dir folgen,
und wo du bist, da wird auch dein Diener sein.
Wenn einer dient,
wird ihn dein Vater ehren. Vgl. Joh 12,26

Erster Fastensonntag

WORT GOTTES

„Den Herrn, deinen Gott, sollst du anbeten und ihm allein dienen.“ Mt 4,10

BESINNUNG

Das erste Anliegen Jesu war es, seinem Vater zu gehorchen, beständig in seiner Gegenwart zu leben. Nur dadurch wurde ihm seine Aufgabe in seiner Beziehung zu den Menschen deutlich. Das ist auch der Weg, den er seinen Jüngern vorschlägt. „Dadurch wird mein Vater verherrlicht, daß ihr reiche Frucht bringt und meine Jünger werdet“ (Joh 15,8).

Vielleicht müssen wir uns dauernd daran erinnern, daß das erste Gebot, das von uns fordert, Gott mit unserem ganzen Herzen und unserer ganzen Seele und unserer ganzen Kraft zu lieben, wirklich das erste ist. Ich frage mich, ob wir das wirklich glauben. Leben wir im Grunde nicht so, als ob wir unserem Nächsten so viel von unserem Herzen, unserer Seele, unserer Kraft geben sollten, wie nur möglich, während wir angestrengt versuchen, Gott nicht zu vergessen? Am Ende merken wir, daß unsere Hinwendung sogar geteilt werden müßte zwischen Gott und unserem Nachbarn.

Aber Jesu Anspruch ist viel radikaler. Er fordert eine aufrichtige Bindung an Gott und Gott alleine. Gott will unser ganzes Herz, unsere ganze Kraft, unsere ganze Seele. Es ist diese bedingungslose und rückhaltlose Liebe zu Gott, die uns zur Sorge für unseren Nachbarn führt, nicht als eine Aktivität, die uns von Gott ablenkt oder mit unserer Hinwendung zu Gott konkurriert, sondern als ein Ausdruck unserer Liebe zu Gott, der sich uns selbst als der Gott aller Menschen offenbart. Es liegt in Gott, daß wir unsere Nächsten finden und unsere Verantwortung für sie entdecken. Wir könnten sogar sagen, daß nur in Gott unser Nachbar ein Nächster wird, ohne unsere Autonomie zu verletzen, und daß nur in und durch Gott Dienst möglich wird.

Ich weiß, daß es der Ursprung wahrer Freude ist, wenn ich es Gott überlasse, mich so zu lieben, wie Gott will, ob durch Krankheit oder Gesundheit, durch Versagen oder Erfolg, durch Armut oder Reichtum, durch Ablehnung oder Lob. Es fällt mir schwer, zu sagen: „Ich werde dankbar alles annehmen, Herr, was dir gefällt. Dein Wille geschehe." Ich weiß aber, daß es immer leichter wird, diese Worte von ganzem Herzen zu sprechen, wenn ich wirklich glaube, daß mein Vater durch und durch Liebe ist.

Charles de Foucauld schrieb ein Gebet der vollständigen Hingabe, das die Seelenhaltung, die ich gern besäße, großartig zum Ausdruck bringt.

Es scheint mir gut, dieses Gebet oft zu sprechen. Es sind Worte eines heiligen Menschen, und sie zeigen den Weg, den ich gehen muß. Ich weiß wohl, daß ich dieses Gebet niemals aus eigener Kraft verwirklichen kann. Aber der Geist Jesu, den ich empfangen habe, kann mir helfen, es zu sprechen und zu wachsen, bis ich es erfülle. Ich weiß, daß der Friede meines Herzens davon abhängt, ob ich gewillt bin, mir dieses Gebet zu eigen zu machen.

GEBET

Mein Vater,
ich überlasse mich dir.
Mach mit mir, was du willst.
Was du auch mit mir tun magst, ich danke dir.
Zu allem bin ich bereit, alles nehme ich an.
Wenn nur dein Wille sich an mir erfüllt
und an allen deinen Geschöpfen,
so ersehne ich weiter nichts, mein Gott.
In deine Hände lege ich meine Seele;
ich gebe sie dir, mein Gott,
mit der ganzen Liebe meines Herzens,
weil ich dich liebe
und weil diese Liebe mich treibt,
mich dir hinzugeben,
mich in deine Hände zu legen, ohne Maß,
mit einem grenzenlosen Vertrauen;
denn du bist mein Vater.

Charles de Foucauld

Montag
der ersten Fastenwoche

WORT GOTTES

„Dann wird der König denen zu seiner Rechten sagen: Kommt her, ihr, die ihr von meinem Vater gesegnet seid, nehmt das Reich in Besitz, das seit Erschaffung der Welt für euch bestimmt ist. Denn ich war hungrig, und ihr habt mir zu essen gegeben, ... ich war obdachlos, und ihr habt mich aufgenommen ... Was ihr für einen meiner geringsten Brüder getan habt, das habt ihr mir getan."
Mt 25,34f.40

BESINNUNG

Die Idee der Gastfreundschaft ist einer der dichtesten biblischen Begriffe, der unser Verständnis für unsere Beziehungen zu unseren Mitmenschen vertiefen und erweitern kann. Episoden aus dem Alten und dem Neuen Testament beweisen nicht nur den ganzen Ernst unserer Verpflichtung, den Fremden bei uns willkommen zu heißen, sie lassen auch durchblicken, daß die Gäste kostbare Gaben mitbringen, die sie nur zu gern vor dem Hausherrn ausbreiten, der ihnen Aufnahme gewährt.

Als Abraham in Mamre drei Fremde aufnahm und ihnen Wasser, Brot und ein vortreffliches, zartes Kälbchen vorsetzte, offenbarten sie sich ihm als der Herr mit der Verheißung, Sara, seine Frau, werde einen Sohn gebären (Gen 18,1-15). Als die Witwe von Sarepta Elija Brot und Obdach gewährte, offenbarte er sich ihr als Mann Gottes, gab ihr als Gastgeschenk

Öl und Mehl im Überfluß und erweckte ihren Sohn von den Toten (1 Kön 17,8-24). Als die beiden Emmaus-Jünger den Fremden, der sich ihnen unterwegs angeschlossen hatte, zum Übernachten einluden, gab er sich ihnen am Brotbrechen als ihren Herrn und Erlöser zu erkennen (Lk 24,13-35).

So öffnen uns die biblischen Episoden nicht nur dafür die Augen, daß die Gastfreundschaft eine wichtige Tugend ist, sondern noch mehr dafür, daß Gast und Gastgeber im Rahmen der gastlichen Begegnung ihre kostbarsten Gaben voreinander ausbreiten und einander neues Leben schenken können.

Daran ist nicht zu rütteln, daß die Einsamkeit oft zu einem feindseligen Verhalten führt und die Stille das Klima ist, in dem Gastfreundschaft gedeiht. Wenn wir uns einsam und verlassen fühlen, brauchen wir so sehr das Wohlwollen und die Liebe anderer, daß wir für die vielen Signale aus unserer Umgebung überempfindlich werden und leicht jeden mit Feindseligkeit bedenken, der von uns anscheinend nichts wissen will. Sobald wir aber im eigenen Herzen die Mitte unseres Lebens entdeckt und unser Alleinsein nicht als Schicksal, sondern als Aufgabe bejaht haben, können wir anderen Freiheit einräumen. Sobald wir unser Verlangen nach totaler Erfüllung aufgegeben haben, können wir leer sein für andere. Sobald wir arm geworden sind, können wir gute Gastgeber sein.

Das Paradox der Gastfreundschaft besteht tatsächlich darin, daß die Armut die Schule ist, die uns zu guten Gastgebern macht. Die Armut versetzt unser Herz in die Lage, unsere Schutzwehr abzubauen und unsere Feinde in Freunde zu verwandeln. Wir können im Fremden nur so lange einen Feind sehen, wie wir etwas zu verteidigen haben. Aber wenn wir sagen: „Bitte, treten Sie ein – mein Haus ist Ihr Haus, meine

Freude ist Ihre Freude, mein Schmerz ist Ihr Schmerz, und mein Leben ist Ihr Leben", brauchen wir nichts mehr zu verteidigen, da wir nichts mehr zu verlieren, aber alles zu geben haben.

Wir halten die andere Wange hin, wenn wir unseren Feinden zeigen, daß sie nur so lange unsere Feinde sein können, wie sie annehmen, wir klammerten uns mit aller Macht an unseren, wie auch immer gearteten, Privatbesitz: an unser Wissen, unseren guten Ruf, unser Grundstück, unser Geld oder die vielen Dinge, mit denen wir uns umgeben haben. Aber wer will uns denn berauben, wenn wir ihm alles, was er uns wegnehmen will, als unsere Gabe gönnen? Wer kann uns belügen, wenn ihm nur mit der Wahrheit gut gedient ist? Wer möchte sich durch die Hintertür bei uns einschleichen, wenn die Haustür offensteht?

Die Armut ist die Schule, die uns zu guten Gastgebern macht. Für den, der sich in Freiheit anderer annehmen will, sind zwei Arten von Armut besonders wichtig: die Geistesarmut und die Herzensarmut.

GEBET

Mein Herr,
zeige mir deine Freundlichkeit und Milde,
weil du sanft und demütig von Herzen bist.
Ich sage mir so oft: „Der Herr liebt mich",
und doch dringt diese Wahrheit häufig nicht
bis auf den Grund des Herzens.
Laß mir diese Wochen zur Gelegenheit werden,
meinen ganzen Widerstand
gegen deine Liebe aufzugeben,
damit du mich in deine große Nähe rufen kannst.
Amen.

Dienstag

der ersten Fastenwoche

WORT GOTTES

„Wenn ihr betet, sollt ihr nicht plappern wie die Heiden, die meinen, sie werden nur erhört, wenn sie viele Worte machen. Macht es nicht wie sie; denn euer Vater weiß, was ihr braucht, noch ehe ihr ihn bittet."

Mt 6,7

BESINNUNG

Für viele bedeutet Gebet nichts anderes als mit Gott sprechen. Und weil das für gewöhnlich eine recht einseitige Angelegenheit zu sein scheint, heißt Beten einfach, zu Gott sprechen. Solch eine Vorstellung genügt schon, um heftige Frustrationen hervorzurufen. Wenn ich ein Problem vorbringe, erwarte ich eine Lösung; wenn ich eine Frage stelle, erwarte ich eine Antwort; wenn ich um Rat bitte, erwarte ich eine Weisung.

Und wenn es mehr und mehr den Anschein hat, daß ich ins Dunkel hineinspreche, dann ist es nicht so erstaunlich, daß mir bald der Verdacht kommt, mein Zwiegespräch mit Gott sei in Wirklichkeit nur ein Selbstgespräch.

Dann fange ich womöglich an, mich zu fragen: Mit wem rede ich eigentlich, mit Gott oder mit mir selbst? Die Krise unseres Gebetslebens besteht darin, daß unser Verstand voll von Gedanken über Gott sein mag, während unser Herz fern von ihm bleibt ...

Höre auf dein Herz. Jesus spricht zu dir in deinem Herzen. Beten heißt vor allem, der Stimme Jesu zu lauschen, der in der Tiefe deines Herzens wohnt. Er schreit nicht. Er drängt sich nicht auf. Er zwingt dich nicht. Seine Stimme ist zurückhaltend, beinahe flüsternd; es ist die Stimme der sanftmütigen Liebe. Egal, was du im Leben tust: versäume es nie, auf die Stimme des Herrn in deinem Herzen zu achten. Dieses Hinhören muß ein aktives, ganz aufmerksames Lauschen sein, denn in unserer ruhelosen und lauten Gesellschaft wird die liebevolle Stimme Gottes so leicht übertönt. Du mußt dir für dieses aktive Hinhören auf Gott jeden Tag eine bestimmte Zeit freihalten, und seien es auch nur zehn Minuten. Jeden Tag zehn Minuten nur für Jesus, das kann dein Leben von Grund auf verändern.

Du wirst merken, daß es nicht leicht ist, zehn Minuten lang still zu sein. Du wirst bald entdecken, daß viele andere Stimmen, die nicht von Gott stammen, deine Aufmerksamkeit auf sich ziehen. Diese Stimmen sind oft besonders laut und ablenkend. Wenn du aber treu deine tägliche Zeit des Gebets einhältst, wirst du langsam, aber sicher die Stimme der sanftmütigen Liebe vernehmen und immer stärker danach verlangen, dieser Stimme zu lauschen.

In der Stille wächst ein Ahnen, daß Beten in erster Linie Empfangen ist. Ein betender Mensch ist ein Mensch, der mit offenen Händen in der Welt steht. Er weiß, daß Gott sich ihm offenbaren will in der Natur, die ihn umringt, in den Menschen, denen er begegnet, in den Situationen, in die er versetzt wird. Er erwartet, daß die Welt das Geheimnis Gottes in sich schließt, das sich ihm sichtbar machen will.

Das Gebet schafft jene Haltung der Empfänglichkeit, in der Gott sich dem Menschen schenken kann. In der Tat, Gott will sich schenken; er will sich dem Menschen, den er erschaffen hat, ausliefern. Er bittet sogar darum, in die Mitte des Menschen eingelassen zu werden.

GEBET

Herr, warum fällt es mir so schwer,
mein Herz auf dich gerichtet zu halten?
Warum schweift mein Geist in so viele Richtungen,
und warum sehnt sich mein Herz nach Dingen,
die mich in die Irre führen?
Laß mich mitten in meiner Unruhe
deine Nähe erfahren.
Nimm meinen erschöpften Leib,
meinen verwirrten Geist,
meine ruhelose Seele in deine Arme,
und gib mir Ruhe, einfache, stille Ruhe. Amen.

Mittwoch
der ersten Fastenwoche

WORT GOTTES

„Müht euch mit Furcht und Zittern um euer Heil! Denn Gott ist es, der in euch das Wollen und das Vollbringen bewirkt, noch über euren guten Willen hinaus. Tut alles ohne Murren und Bedenken, damit ihr rein und ohne Tadel seid, Kinder Gottes ohne Makel.“ Phil 2,12b-15a

BESINNUNG

Gott existiert. Wenn ich das mit allem, was ich bin, sagen kann, besitze ich die „Gnosis“, die Gotteserkenntnis, die der heilige Johannes erwähnt, und die „Memoria Dei“, das Gottesbewußtsein, von dem der heilige Basilius schreibt. Mit allem, was wir haben, denken, fühlen und sind, zu sagen: „Gott existiert“, läßt wie keine andere Aussage, die ein Mensch machen kann, die Welt in Stücke gehen. Wenn wir diese Aussage machen, spielt es keine Rolle mehr, ob sie intellektuell, emotional, affektiv oder geistlich gemeint ist, nur die eine Wahrheit zählt, zu der wir uns jubelnd bekennen: Gott existiert. Wenn wir das von ganzem Herzen sagen, erbebt alles im Himmel und auf Erden. Denn wenn Gott existiert, hat alles, was ist, in ihm seinen Ursprung.

Wenn ich mir Klarheit darüber verschaffen will, ob ich schon einmal zur wahren Erkenntnis, zur Gnosis der Existenz Gottes gelangt bin, brauche ich mir nur bewußt werden zu lassen, wie ich mich selbst erfahre.

Es gehört nicht viel zu der Feststellung, daß ich dauernd bei mir selbst bin ... Ich gewahre mein Verlangen nach Nahrung, Kleidung und Geborgenheit. Ich gewahre meine geistigen, physischen und künstlerischen Talente und das innere Bedürfnis, sie einzusetzen. Ich gewahre in mir Zorn, Begierlichkeit, Rache- und Haßgefühle und sogar hin und wieder das Verlangen, zu verletzen. Ja, darum dreht sich bei mir alles: Ich existiere. Meine eigene Existenz füllt mich aus, und wohin ich mich auch wende, überall erlebe ich immer wieder mich, eingeschlossen in mein Selbstbewußtsein: Ich existiere. Wenn man Haß auch anders erlebt als Liebe und Machtstreben etwas anderes ist als das Verlangen, zu dienen, so stimmen sie doch alle darin überein, daß sie in *meiner* Existenz das sehen, worauf es eigentlich ankommt.

Sobald ich aber sage: „Gott existiert", kann meine Existenz nicht mehr im Mittelpunkt stehen; denn die Erkenntnis Gottes besteht im Grunde darin, daß sie meine eigene Existenz als ganz und gar von der seinen stammend erweist. Das erlebt man in einer echten Bekehrung. Ich lasse dann das Wissen um meine Existenz nicht mehr Mittel- und Ausgangspunkt sein oder werden, von dem aus ich die Existenz Gottes ableite, projiziere, folgere oder intuitiv erschließe; plötzlich oder allmählich entdecke ich, wie sich mir meine eigene Existenz in der Erkenntnis Gottes und durch sie offenbart. Dann wird für mich Wirklichkeit, daß ich mich und meinen Nächsten nur lieben kann, weil Gott mich zuerst geliebt hat. Die lebensverwandelnde Erfahrung ist nicht die Entdeckung, daß ich frei Entscheidungen treffen muß, von denen abhängt, wie ich meine Existenz verwirkliche, sondern die Erkenntnis, daß meine eigene Existenz nicht im Mittelpunkt steht. Sobald ich Gott „kenne", das heißt, sobald ich seine Liebe als die Liebe erfahre, in der all meine menschlichen Erfahrungen verankert sind, kann ich nur noch eins ersehnen: In dieser Liebe zu sein.

Wer sich bekehrt hat, sagt nicht, daß nun nichts mehr von Belang ist, sondern daß alles, was ist, in Gott geschieht, und daß er die Stätte der Geborgenheit ist, an der wir zur Erkenntnis der wahren Seinsordnung gelangen. Anstatt zu sagen: „Da ich weiß, daß Gott existiert, ist alles andere unwichtig", sagt der Bekehrte: „Alles ist jetzt in göttliches Licht gehüllt, und daher kann nichts unwichtig sein."

Der Bekehrte sieht, hört und versteht mit einem göttlichen Auge, einem göttlichen Ohr und einem göttlichen Herzen. Der oder die Bekehrte erkennt sich und die ganze Welt in Gott. Der Bekehrte befindet sich dort, wo Gott ist, und von dieser Warte aus ist alles von Belang: einen Trunk Wasser reichen, die Nackten bekleiden, an einer neuen Weltordnung arbeiten, beten, ein Kind anlächeln, ein Buch lesen und ruhig schlafen. Alles ist anders geworden und doch dasselbe geblieben.

GEBET

Wer im Schutz des Höchsten wohnt
und ruht im Schatten des Allmächtigen,
der sagt zum Herrn:
„Du bist für mich Zuflucht und Burg,
mein Gott, dem ich vertraue."

Der Herr ist deine Zuflucht,
du hast dir den Höchsten als Schutz erwählt.
Dir begegnet kein Unheil.
Denn er befiehlt seinen Engeln,
dich zu behüten auf all deinen Wegen.

Ps 91,1.2.9.10a.11

Donnerstag
der ersten Fastenwoche

WORT GOTTES

„Werft eure Zuversicht nicht weg, die großen Lohn mit sich bringt. Was ihr braucht, ist Ausdauer, damit ihr den Willen Gottes erfüllen könnt und so das verheißene Gut erlangt." Hebr 10,35f

BESINNUNG

Alles, was wir von Jesus wissen, deutet darauf hin, daß ihn nur ein einziger Wunsch beseelt hat: den Willen seines Vaters zu erfüllen. Nichts in den Evangelien ist eindrucksvoller als Jesu konsequent auf den Vater ausgerichteter Gehorsam. Von seinen ersten überlieferten Worten im Tempel: „Wußtet ihr nicht, daß ich in dem sein muß, was meines Vaters ist?" (Lk 2,49) bis zu seinen letzten Worten am Kreuz: „Vater, in deine Hände empfehle ich meinen Geist!" (Lk 23,46) bringt Jesus nur eine einzige Sorge zum Ausdruck: den Willen seines Vaters zu tun. Er sagt: „Der Sohn kann von sich aus nichts tun, außer was er den Vater tun sieht" (Joh 5,19). Die Werke, die Jesus vollbracht hat, sind die Werke, zu denen ihn der Vater ausgesandt hat, und die Worte, die er gesprochen hat, waren die Worte, die er vom Vater erhalten hatte. Er läßt daran keinen Zweifel: „Wenn ich nicht die Werke meines Vaters tue, dann braucht ihr mir nicht zu glauben" (Joh 10,37). „Das Wort ist nicht von mir, sondern vom Vater, der mich gesandt hat" (Joh 14,24).

Jesus ist nicht deshalb unser Erlöser, weil er

bestimmte Dinge zu uns gesagt oder für uns getan hat. Er ist unser Erlöser, weil alles, was er gesagt und getan hat, die Frucht seines Gehorsams gegenüber seinem Vater war. Deshalb konnte der heilige Paulus schreiben: „Wie durch den Ungehorsam des einen Menschen die vielen zu Sündern wurden, so werden auch durch den Gehorsam des einen die vielen zu Gerechten gemacht" (Röm 5,19). Jesus ist der Gehorsame. Alles in seinem Leben wird durch diese Gehorsamsbeziehung zum Vater auf eine Mitte hin ausgerichtet.

Unser Leben ist dazu bestimmt, so zu werden wie das Leben Jesu. Jesu gesamtes Wirken dient der Absicht, uns ins Haus seines Vaters heimzuholen. Jesus ist nicht nur gekommen, um uns von den Fesseln der Sünde und des Todes zu befreien, sondern er wollte uns auch in die Intimität seines göttlichen Lebens einführen.

Wir können uns nur schlecht vorstellen, was das bedeutet. Wir neigen dazu, vor allem den Abstand zwischen Jesus und uns zu betonen. Wir sehen Jesus als den allwissenden und allmächtigen Sohn Gottes, der in unerreichbarer Höhe über uns sündigen, gebrochenen menschlichen Wesen thront. Aber wenn wir so denken, vergessen wir, daß Jesus gekommen ist, um uns sein eigenes Leben zu schenken. Er ist gekommen, um uns in die Liebesgemeinschaft mit dem Vater emporzuheben.

Nur wenn wir diese tiefgreifende Zielsetzung des Wirkens Jesu erfassen, erschließt sich uns, was es bedeutet, ein geistliches Leben zu führen. Alles, was Jesus ist und hat, wird uns angeboten, damit wir Anteil daran haben. Wir sollen all das tun, was Jesus getan hat.

GEBET

Erschaffe mir, Gott, ein reines Herz,
und gib mir einen neuen, beständigen Geist!

Verwirf mich nicht von deinem Angesicht,
und nimm deinen heiligen Geist nicht von mir!

Mach mich wieder froh mit deinem Heil,
mit einem willigen Geist rüste mich aus!

Ps 51,12-14

Freitag
der ersten Fastenwoche

WORT GOTTES

„Wenn du deine Opfergabe zum Altar bringst und dir dabei einfällt, daß dein Bruder etwas gegen dich hat, so laß deine Gabe dort vor dem Altar liegen; geh und versöhne dich zuerst mit deinem Bruder, dann komm und opfere deine Gabe. Schließ ohne Zögern Frieden mit deinem Gegner, solange du mit ihm noch auf dem Weg zum Gericht bist." Mt 5,23-25a

BESINNUNG

Heute habe ich über Gottes unbeirrbares Verlangen, mir zu vergeben, meditiert, wie es in den Worten des hundertdritten Psalms zum Ausdruck kommt: „So weit der Aufgang entfernt ist vom Untergang, so weit entfernt er die Schuld von uns" (Ps 103,12). Mitten in all meinen Abschweifungen war ich gerührt von Gottes Wunsch, mir immer wieder zu vergeben. Wenn ich eine Sünde begangen habe und mit reuigem Herzen zu Gott zurückkehre, ist er immer da, um mich in die Arme zu schließen und wieder neu anfangen zu lassen. „Der Herr ist ein barmherziger und gnädiger Gott, langmütig, reich an Huld und Treue" (Ex 34,6).

Es fällt mir schwer, jemand zu vergeben, der mich wirklich verletzt hat, besonders wenn das öfter als einmal vorkommt. Ich beginne dann an der Aufrichtigkeit dessen zu zweifeln, der zum zweiten, dritten oder vierten Mal um Vergebung bittet. Aber Gott führt darüber nicht Buch. Gott wartet nur auf unsere Heimkehr, ohne Groll oder Rachegelüste. Gott will, daß wir nach Hause kommen. „Die Huld des Herrn währt ewig."

Vielleicht scheint es mir deshalb schwerzufallen, anderen zu vergeben, weil ich selbst nicht recht glaube, daß mir vergeben ist. Wenn ich mich voll und ganz darein finden könnte, daß mir vergeben ist und ich nicht mit Schuldgefühlen oder Schamröte zu leben brauchte, wäre ich wirklich frei. Meine Freiheit würde es mir gestatten, anderen siebenundsiebzigmal zu vergeben. Wenn ich nicht vergebe, kette ich mich an das Verlangen, Gleiches mit Gleichem zu vergelten, und verliere so meine Freiheit. Wer Vergebung erlangt hat, der vergibt. Das verkünden wir auch, wenn wir beten: „Und vergib uns unsere Schuld, wie auch wir vergeben unsern Schuldigern."

Diese Auseinandersetzung dauert so lange wie das Christenleben und gehört zu seinem innersten Kern.

Die Liebe Gottes stellt keine Bedingungen, und nur *diese* Liebe macht uns fähig, ohne Gewalt zusammenzuleben. Wenn wir wissen, daß Gott uns innig liebt und uns immer weiter lieben wird, egal, wer wir sind und was wir auch tun, dann wird es uns möglich, von unserem Nächsten nicht *mehr* zu erwarten, als er uns zu geben vermag. Dann wird es uns auch möglich sein, ihm großmütig zu verzeihen, wenn wir beleidigt wurden, und Feindseligkeit immer mit Liebe zu beantworten. So machen wir eine neue Weise des Menschseins sichtbar, ein neues Zusammenleben und einen neuen Weg, auf unsere Weltprobleme zu antworten.

GEBET

Lobe den Herrn, meine Seele,
und vergiß nicht, was er dir Gutes getan hat.
Er handelt an uns nicht nach unsern Sünden
und vergibt uns nicht nach unsrer Schuld.
So weit der Aufgang entfernt ist vom Untergang,
so weit entfernt er die Schuld von uns.
Wie ein Vater sich seiner Kinder erbarmt,
so erbarmt sich der Herr über alle,
die ihn fürchten.

Ps 103,2.10-13

Samstag
der ersten Fastenwoche

WORT GOTTES

„Ich aber sage euch: Liebt eure Feinde und betet für die, die euch verfolgen, damit ihr Söhne eures Vaters im Himmel werdet ... Denn wenn ihr nur die liebt, die euch lieben, welchen Lohn könnt ihr dafür erwarten?"

Mt 5,44f

BESINNUNG

Christen beten füreinander (Röm 1,9; 2 Kor 1,11; Eph 6,18; Kol 4,3) und stehen dadurch einander bei bis hin zur Rettung (Röm 15,30; Phil 1,19). Aber die eigentliche Bewährungsprobe des mitleidenden Gebets geht über die Fürbitte für Mitchristen, Gemeindeangehörige, Freunde und Verwandte hinaus. Jesus sagt das ganz unzweideutig: „Ich aber sage euch: Liebt eure Feinde und betet für die, die euch verfolgen" (Mt 5,44); und in seiner höchsten Todesnot am Kreuz betet er für die, die ihn umbringen: „Vater, vergib ihnen, denn sie wissen nicht, was sie tun" (Lk 23,34). Hier kann man sehen, was die Disziplin des Gebetes letztlich bedeutet. Das Gebet läßt uns nicht nur die, die uns lieben, sondern auch die, die uns hassen, in unser Herz schließen. Das ist nur möglich, wenn wir gewillt sind, unsere Feinde zum Teil unser selbst zu machen und sie zuallererst in unserem Herzen umzuwandeln.

Das erste, wozu wir aufgerufen sind, wenn wir andere für unsere Feinde halten, ist Fürbitte für sie. Sie ist sicher nicht leicht. Man benötigt Disziplin, um diejenigen, die uns hassen oder die wir mit feindseligen Gefühlen betrachten, in das innerste Heiligtum unseres Herzens einzulassen. Menschen, die uns das Leben schwermachen und schuld sind an unserer Zurücksetzung, an unserem Schmerz oder sogar an unserem Schaden, haben kaum eine Aussicht auf einen Platz in unserem Herzen. Doch jedesmal, wenn wir diese Ungeduld mit unseren Gegnern bezähmen und uns bereit finden, den Hilfeschrei derer zu hören, die uns verfolgen, werden wir auch in ihnen unsere Brüder und Schwestern erkennen.

Die Fürbitte für unsere Feinde ist daher wirklich ein Ereignis, das Ereignis der Versöhnung. Es ist unmöglich, unsere Feinde in die Gegenwart Gottes emporzuheben und dabei noch weiter zu hassen. Wenn wir sie dort sehen, wo wir beten, können nicht einmal mehr der Diktator in seinem schrankenlosen Despotismus und der infame Folterknecht als Gegenstand unserer Furcht, unseres Hasses oder unserer Rache erscheinen, da wir betend im Herzen des großen Geheimnisses der göttlichen Barmherzigkeit stehen.

Das Gebet verwandelt den Feind in einen Freund und ist so der erste Schritt zu einem neuen Verhältnis. Es gibt wahrscheinlich kein mächtigeres Gebet als die Fürbitte für unsere Feinde. Aber sie ist auch das schwierigste Gebet, da sie uns am meisten gegen den Strich geht. Das macht verständlich, warum einige Heilige im Gebet für unsere Feinde das Hauptmerkmal der Heiligkeit sehen.

„Ihr aber sollt eure Feinde lieben und sollt Gutes tun" (Lk 6,35). Diese Worte beschreiben nicht nur den Kern des gewaltlosen Widerstandes, sondern sind auch das Herz der ganzen Verkündigung Jesu. Wenn jemand fragen würde, welches die radikalsten Worte des Evangeliums sind, könnten wir durchaus antworten: „Liebet eure Feinde." Diese Worte zeigen uns tatsächlich, wer Jesus wirklich ist und wer der Vater ist, der Ihn gesandt hat. Es sind Worte, die uns am deutlichsten die Art der Liebe erkennen lassen, die Jesus verkündigt hat. Diese Worte bringen auch am deutlichsten zum Ausdruck, was es heißt, ein Jünger Jesu zu sein. Die Feindesliebe ist der Prüfstein des Christseins.

GEBET

O Herr,
schau in Gnaden auf dein Volk
und schenke ihm deine Liebe –
nicht wie eine Idee oder Vorstellung,
sondern als lebendige Erfahrung.
Wir können einander nur deshalb lieben,
weil du uns zuerst geliebt hast.
Laß uns deine zuvorkommende Liebe so begreifen,
daß wir in aller menschlichen Liebe
den Widerschein einer größeren Liebe erkennen,
einer Liebe ohne Bedingungen und Einschränkungen.
Amen.

Zweiter Fastensonntag

WORT GOTTES

„Noch während er redete, warf eine leuchtende Wolke ihren Schatten auf sie, und aus der Wolke rief eine Stimme: Das ist mein geliebter Sohn, an dem ich Gefallen gefunden habe; auf ihn sollt ihr hören."

Mt 17,5

BESINNUNG

Das Brotbrechen ist die Feier, die Gegenwärtigsetzung des Lebens Christi wie auch unseres eigenen. Wenn man das Brot nimmt, den Lobpreis spricht, es bricht und darreicht, bringt man das Geheimnis des Lebens Christi auf die knappste Ausdrucksformel. Der Vater nahm seinen einzigen Sohn und sandte ihn in die Welt, damit die Welt durch ihn gerettet würde (Joh 3,17). Am Jordan und auf dem Berg Tabor pries er ihn mit den Worten: „Das ist mein geliebter Sohn, an dem ich Gefallen gefunden habe; auf ihn sollt ihr hören" (Mt 3,17; 17,5). Der Gepriesene wurde an einem Kreuz zerbrochen, „durchbohrt wegen unserer Verbrechen, wegen unserer Sünden zermalmt" (Jes 53,5). Aber durch seinen Tod reichte er sich uns als unsere Speise und machte so die Worte wahr, die er beim Letzten Abendmahl zu seinen Jüngern gesprochen hatte: „Das ist mein Leib, der für euch hingegeben wird" (Lk 22,19).

An eben diesem Leben, das genommen, gepriesen, zerbrochen und hingegeben wird, will Jesus Christus uns teilnehmen lassen. Deshalb sagte er beim Brotbrechen mit seinen Jüngern: „Tut dies zu meinem Gedächtnis!“ (Lk 22,19). Wenn wir zum Gedächtnis Christi Brot essen und Wein trinken, gehen wir eine enge Verbindung mit seinem eigenen mitleidenden Leben ein. Ja wir werden sein Leben und werden so befähigt, sein Leben in unserer Zeit und dort, wo wir sind, gegenwärtig zu setzen.

Hierin liegt das große Geheimnis der Menschwerdung: Gott ist hinabgestiegen zu uns Menschen, um mit uns Mensch zu werden; und nachdem er dann unter uns weilte, stieg er zur absoluten Armut eines zum Tode Verurteilten hinab. Es ist nicht leicht, diesen hinabsteigenden Weg Jesu wirklich mit unserem Herzen zu erspüren und zu begreifen. Unser ganzes Wesen wehrt sich dagegen. Wir sind gerne bereit, uns vorübergehend um irgendwelche Arme zu kümmern – aber selbst in den Stand der Armut hinabsteigen und mit den Armen arm werden, das wollen wir nicht. Und doch ist dies der Weg, den Jesus gewählt hat.

Bereits im ersten christlichen Jahrhundert gab es einen Hymnus, in dem dieser hinabsteigende Weg Jesu besungen wurde. Paulus hat diesen Lobpreis in seinen Brief an die Philipper aufgenommen, um seinen Zeitgenossen die nach unten führende Richtung auf der Lebensleiter zu empfehlen. Er schreibt:

„Seid untereinander so gesinnt, wie es dem Leben in Christus entspricht:

Er war Gott gleich, hielt aber nicht daran fest, wie Gott zu sein, sondern er entäußerte sich und wurde wie ein Sklave und den Menschen gleich. Sein Leben war das eines Menschen; er erniedrigte sich und war gehorsam bis zum Tod, bis zum Tod am Kreuz.“

Hier sieht man, kurz zusammengefaßt, sehr deutlich den Weg der Liebe Gottes. Es ist ein Weg, der immer tiefer hinabführt – bis in die allergrößte Armut, die Armut eines Verbrechers, dem man das Leben nimmt ...

Jesus liebt seine Jünger mit der gleichen Liebe, mit der er selbst vom Vater geliebt wird; und wie diese Liebe Jesus *eins* macht mit dem Vater, so macht sie auch die Jünger *eins* mit Jesus.

GEBET

Gott, du hast uns geboten,
auf deinen geliebten Sohn zu hören.
Nähre uns mit deinem Wort
und reinige die Augen unseres Geistes,
damit wir fähig werden,
deine Herrlichkeit zu erkennen.
Darum bitten wir durch Jesus Christus.

Tagesgebet

Montag
der zweiten Fastenwoche

WORT GOTTES

„Jesus sprach: Seid barmherzig, wie es auch euer Vater ist ... Erlaßt einander die Schuld, dann wird auch euch die Schuld erlassen werden.“ Lk.6,36.37c

BESINNUNG

Das Gebot Jesu: „Seid barmherzig, wie es auch euer Vater ist“, ist eine Aufforderung, an Gottes eigener Barmherzigkeit teilzunehmen. Er verlangt von uns, die Illusion unserer in Rivalität erfochtenen Eigenständigkeit fallenzulassen, auf das Festhalten an unseren eingebildeten Qualitäten als Quellen unserer Identität zu verzichten und dasselbe innige Verhältnis zu Gott einzugehen, das ihm geläufig ist.

Das ist das Geheimnis des Christenlebens: ein neues Selbst zu erhalten, eine neue Identität, die nicht darauf beruht, was wir leisten können, sondern darauf, was wir als Geschenk anzunehmen gewillt sind. Dieses neue Selbst ist unsere Teilnahme am göttlichen Leben in und durch Christus. Jesus möchte, daß wir so Gott gehören, wie er Gott gehört; er möchte, daß wir Kinder Gottes sind, wie er Kind Gottes ist; er möchte, daß wir das alte Leben aufgeben mit all seinen Ängsten und Zweifeln und ein neues Leben erhalten, Gottes eigenes Leben. In und durch Christus erhalten wir eine neue Identität, die uns in die Lage versetzt, zu sagen: „Ich bin nicht die Achtung, die ich mir im Wettbewerb verschaffen kann, sondern die Liebe, die ich frei von

Gott empfangen habe." Sie gestattet uns, mit Paulus zu sagen: „Nicht mehr ich lebe, sondern Christus lebt in mir" (Gal 2,20).

Dieses neue Selbst, das Selbst Jesu Christi, ermöglicht es uns, barmherzig zu sein, wie auch unser Vater es ist. Durch die Einheit mit ihm werden wir des gegenseitigen Wettstreits enthoben und in die göttliche Ganzheit versetzt. Da wir an der Ganzheit des Einen teilhaben, in dem es keinen Wettstreit gibt, können wir echte Beziehungen der Barmherzigkeit zueinander aufnehmen. Da wir unsere Identität von dem Einen erhalten, der der Spender allen Lebens ist, können wir ohne Distanz oder Furcht beieinander sein. Diese neue Identität, die frei von Habsucht und Machtgier ist, läßt uns so vollständig und bedingungslos in das Leid anderer eingehen.

Wenn wir an Gottes mitleidender Barmherzigkeit teilnehmen, erschließt sich uns eine ganz neue Lebensweise, eine Lebensweise, wie wir sie in der Biographie der Apostel und der großen Christen aufleuchten sehen, die durch die Jahrhunderte Christus bezeugt haben. Diese göttliche Barmherzigkeit steht, anders als unsere selbstgemachte Barmherzigkeit, außer Konkurrenz. Sie ist vielmehr der Ausdruck einer neuen Lebensweise, in der man persönliche Vergleiche, Rivalitäten und Konkurrenzgeist allmählich hinter sich läßt.

Die Barmherzigkeit fordert uns auf, dorthin zu gehen, wo man leidet, dort einzutreten, wo man Qualen erduldet, Zusammenbruch, Furcht, Ausweglosigkeit und quälende Angst mitzutragen. Die Barmherzigkeit ruft uns auf, mit den Notleidenden unsere Stimme zu erheben, mit den Verlassenen zu trauern und mit den Tränenüberströmten zu weinen. Die Barmherzigkeit verlangt von uns, mit den Schwachen schwach, mit den Verwundbaren verwundbar und mit den Ohnmächtigen ohnmächtig zu sein. Barmherzigkeit heißt: sich seinem Menschsein ganz und gar stellen.

Es überrascht nicht, daß die Barmherzigkeit, als Mitleid verstanden, uns oft sehr zuwiderläuft und uns sogar zum Widerspruch reizt. Wir neigen zu der Behauptung: „Das ist Selbstgeißelung, das ist Masochismus, das ist krankhaftes Interesse am Leid, das ist ein ungesunder Hang." Es ist wichtig, daß wir dieses Widerstreben eingestehen und im Leid etwas sehen, das für uns weder wünschenswert noch attraktiv ist. Im Gegenteil, es ist etwas, das wir um jeden Preis meiden möchten. Deshalb gehört die Barmherzigkeit nicht zu unseren natürlichsten Reaktionen. Wir scheuen den Schmerz und halten jeden, der sich vom Leid angezogen fühlt, für nicht normal oder wenigstens für recht seltsam.

GEBET

Herr Jesus, du bist gekommen, um uns
die erbarmende Liebe deines Vaters zu zeigen.
Laß die Deinen diese Liebe
mit Herz und Sinn erfassen.
Und mir, o Herr, deinem strauchelnden Freund,
erweise deine Barmherzigkeit. Amen.

Dienstag
der zweiten Fastenwoche

„Der Größte von euch soll euer Diener sein. Wer sich selbst erhöht, wird erniedrigt, und wer sich selbst erniedrigt, wird erhöht werden." Mt 23,11f

BESINNUNG

Das sind Aufforderungen Jesu zu seiner Nachfolge auf dem Weg der Demut: „Wer sich selbst erniedrigt, wird erhöht werden" (Lk 14,11). „Wer sein Leben um meinetwillen und um des Evangeliums willen verliert, wird es retten" (Mk 8,35). „Wer so klein sein kann wie dieses Kind, der ist im Himmelreich der Größte" (Mt 18,4). „Wer mein Jünger sein will, der verleugne sich selbst, nehme sein Kreuz auf sich und folge mir nach" (Mk 8,34). „Selig, die arm sind vor Gott ..., die verfolgt werden" (Mt 5,3-10). „Liebt eure Feinde und betet für die, die euch verfolgen" (Mt 5,44).

Das ist der Weg Jesu und der Weg, auf den er seine Jünger ruft. Es ist der Weg, der uns zunächst abschreckt oder wenigstens befremdet. Wer möchte schon demütig sein? Wer möchte der Letzte sein? Wer möchte wie ein kleines, schwaches Kind sein? Wen verlangt danach, sein Leben zu verlieren, arm zu sein, zu trauern und zu hungern? All das scheint uns von Natur aus gegen den Strich zu gehen. Aber sobald wir einmal erkannt haben, daß Jesus uns in seinem radikalen Zug nach unten Gottes mitleidendes Wesen offenbart, geht uns auf: ihm nachfolgen ist teilnehmen an der ständigen Selbstoffenbarung Gottes.

Jesus zeigt uns immer wieder von neuem und auf immer andere Weise das große Geheimnis des hinabsteigenden Weges. Es ist der Weg des Leidens, aber auch der Weg, der zur Freude führt. Es ist der Weg der Erniedrigung, aber auch der Weg der Erhebung. Es ist der Weg der Tränen, doch diese Tränen werden sich in Freudentränen verwandeln. Es ist der Weg der Verborgenheit, aber auch der Weg, der zum Licht führt – zu einem Licht, das allen Menschen leuchten soll. Es ist der Weg der Verfolgung, der Unterdrükkung, des Martyriums und des Todes, aber auch der Weg, der zur vollständigen Offenbarung der Liebe Gottes führt. Im Johannesevangelium sagt Jesus: „Wie Mose die Schlange in der Wüste erhöht hat, so muß der Menschensohn erhöht werden“ (3,14). Dieser Vergleich zeigt, wie sich der hinabsteigende Weg Jesu in einen Weg nach oben verwandelt. Denn die Erhöhung Jesu deutet sowohl auf seine Erhöhung am Kreuz hin, das heißt auf seine totale Erniedrigung, als auch auf seine Erhöhung bei der Auferstehung, das heißt auf seine totale Verherrlichung ...

Die Frage, wie man diesen hinabsteigenden Weg in der Nachfolge Jesu finden kann, ist eine sehr persönliche und intime Frage. Ich glaube nicht, daß man sie für einen anderen Menschen beantworten kann. Es bedeutet nicht ohne weiteres, daß man auf sein Geld, seinen Besitz, seine Bildung, seine Freunde oder seine Familie verzichten muß. Gewiß, für einige Leute hat es dies tatsächlich bedeutet – aber nur deshalb, weil sie sich persönlich berufen fühlten, diesen Weg zu suchen. Jeder muß seinen eigenen hinabsteigenden Weg suchen. Das erfordert viel Gebet, viel Geduld und viel Rat und Beistand. Das hat nichts mit geistlichem Heldentum zu tun, bei dem man alles über Bord wirft, um Jesus zu folgen, während man in Wirklichkeit eine Art geistlicher Dummheit begeht und die Aufmerksamkeit auf sich lenkt. Der hinabsteigende Weg ist im Herzen eines jeden Menschen verborgen, aber er ist häufig von Unkraut überwuchert, weil wir selten Gebrauch von ihm machen. Langsam, aber sicher müssen wir das Unkraut jäten, den Weg freilegen und ihn dann ohne Furcht betreten.

Ich glaube, daß Unkrautjäten immer etwas mit Beten zu tun hat. Denn beten heißt, Zeit für Gott frei zu machen, selbst wenn man sehr viel Wichtiges zu tun hat. Jedesmal, wenn man dies tut, legt man ein Stückchen des hinabführenden Weges frei und sieht, wo die ersten Schritte zu tun sind.

GEBET

Herr Jesus Christus, gewähre uns,
nach der Gesinnung untereinander zu trachten,
die in dir war: Du hast dich selbst entäußert,
du hast Sklavengestalt angenommen,
du hast dich selbst erniedrigt,
gehorsam bis zum Tode: bis zum Tode am Kreuz.

Vgl. Phil 2,7f

Mittwoch
der zweiten Fastenwoche

WORT GOTTES

„Der Menschensohn ist nicht gekommen, um sich dienen zu lassen, sondern um zu dienen und sein Leben hinzugeben als Lösegeld für viele.“ Mt 20,28

BESINNUNG

Das große Geheimnis der Barmherzigkeit Gottes liegt darin, daß er in seinem Mitleiden, in seinem Eingehen in unsere Knechtsgestalt, sich uns als Gott offenbart. Das Annehmen der Knechtsgestalt tut seinem Gott-Sein keinen Abbruch. Mit seiner Selbstentäußerung und Erniedrigung entfernt er sich keinen Schritt von seinem wahren Wesen. Wenn er wird wie wir und am Kreuz stirbt, so ist das keine vorübergehende Unterbrechung seiner göttlichen Existenz. In Christus, der sich selbst entäußert und erniedrigt hat, haben wir vielmehr Gott vor uns, sehen wir, wer Gott wirklich ist, lernen wir seine eigentliche Gottheit kennen ...

Gott maskiert sich nicht in seinem Knechtsein, er legt nichts an, was nicht zu ihm paßte, er handelt nicht gegen sein göttliches Selbst oder gar ihm zum Trotz.

Im Gegenteil, es hat Gott gefallen, sich uns gerade in seinem Knechtsein zu offenbaren. Daher können wir sagen, daß der Zug nach unten, wie wir ihn in Jesus Christus sehen, kein Abrücken von Gott ist, sondern eine Annäherung an ihn, wie er wirklich ist: ein Gott-für-uns, der nicht gekommen ist, um zu herrschen, sondern um zu dienen. Damit ist in aller Deutlichkeit gesagt, daß Gott sich einzig und allein durch sein Dienen zu erkennen geben will und daß das Knechtsein daher Gottes Selbstoffenbarung ist.

Das radikale Dienen besagt nichts, wenn wir uns nicht um eine neue Verständnisebene bemühen und es als den Weg sehen, auf dem wir Gott selbst begegnen. Man kann sich nicht nach Erniedrigung und Verfolgung sehnen, wenn wir in der Erniedrigung und Verfolgung Gott nicht finden können. Wenn wir Gott selbst, die Quelle unserer Zuversicht und unseres Trostes, mitten im Knechtsein entdecken, wird das Mitleiden weit mehr als nur ein gutes Werk an Unglücklichen. Das radikale Dienen als diese Begegnung mit dem mitleidenden Gott führt uns über die Gegensatzpaare Reichtum – Armut, Erfolg – Versagen, Glück – Unglück hinaus. Radikales Dienen ist kein Unterfangen, in dem wir möglichst viel Elend um uns zu scharen suchen, sondern ein frohes Leben, in dem uns die Augen aufgehen für die Schau des wahren Gottes, der den Weg des Dienens eingeschlagen hat, um sich zu offenbaren. Die Armen werden seliggepriesen, nicht weil die Armut gut ist, sondern weil ihnen das Himmelreich gehört; die Trauernden werden seliggepriesen, nicht weil die Trauer gut ist, sondern weil ihnen Trost zuteil werden wird.

Hier berühren wir die tiefe geistliche Wahrheit, daß Dienen Ausdruck der Gottsuche ist und nicht nur des Wunsches, den Einzelnen oder die Gesellschaft zu verändern.

Freude und Dankbarkeit sind die Herzenseigenschaften, an denen wir die Menschen erkennen, die sich in der Nachfolge Jesu Christi einem dienenden Leben verschrieben haben.

Wo immer wir echtes Dienen sehen, sehen wir auch die Freude; denn mitten im Dienen zeigt sich Gott gegenwärtig, bietet sich ein Geschenk an. Daher machen alle, die in der Nachfolge Jesu dienen, die Entdeckung, daß sie mehr erhalten, als sie geben. Wie man eine Mutter für die Zuwendung, die sie ihrem Kind schenkt, nicht zu entlohnen braucht, weil das Kind ihre Freude ist, so erhalten auch alle, die ihrem Nächsten dienen, in den Menschen, denen sie dienen, ihren Lohn.

Die Freude derer, die ihrem Herrn auf dem Weg der Selbstentäußerung und Erniedrigung folgen, beweist, daß nicht Elend und Schmerz es sind, was sie suchen, sondern der Gott, dessen Barmherzigkeit sie in ihrem eigenen Leben erfahren haben. Ihr Blick ist nicht auf Armut und Elend gerichtet, sondern auf das Antlitz des liebenden Gottes.

GEBET

Herr, du bist der Weg,
die Wahrheit und das Leben.
Niemand kommt zum Vater
außer durch dich.

Vgl. Joh 14,6

Donnerstag
der zweiten Fastenwoche

WORT GOTTES

„Ich, der Herr, erforsche das Herz und prüfe die Nieren, um jedem nach seinen Wegen zu vergelten, nach der Frucht seiner Taten.“ Jer 17,10

BESINNUNG

Ohne Schwierigkeit läßt sich aufzeigen, daß wir in unserer heutigen Welt alle sehr stark darauf aus sind, irgend etwas zustande zu bringen. Manchem von uns schweben große dramatische Umwälzungen der Gesellschaftsordnung vor. Andere wollen sich wenigstens ein Haus bauen, oder sie wollen ein Buch schreiben, eine Maschine erfinden oder einen Preis gewinnen. Andere Zeitgenossen wiederum scheinen ihr Genügen darin zu finden, irgend etwas Nützliches für irgend jemanden zu tun. Aber praktisch geht es uns allen darum, auf irgendeine Weise etwas zum Leben beizutragen. Und wenn wir alt geworden sind, hängt der Umstand, ob wir uns zufrieden oder unerfüllt vorkommen, ein gut Stück weit davon ab, ob wir das Gefühl haben, unser Teil zur Gestaltung unserer Welt und ihrer Geschichte beigetragen zu haben oder nicht.

Geben wir der Versuchung nach, uns zu sehr von den Ergebnissen unserer Arbeit beeindrucken zu lassen, so setzt sich nach und nach in uns die fragwürdige Überzeugung fest, im Mittelpunkt unseres Lebens stehe eine Tabelle, auf der jemand ständig die Pluspunkte einträgt, die unseren Wert anzeigen.

Und ehe wir es recht merken, haben wir unsere Seele an alle möglichen Punkteverteiler verkauft. Das bedeutet dann, daß wir nicht nur *in* der Welt, sondern auch *von* der Welt sind. Dann werden wir das, was die Welt aus uns macht ... Wir sind hilfsbereit, weil sich jemand bei uns bedankt. Wir sind liebenswürdig, weil uns jemand zeigt, daß er uns mag. Und wir sind wichtig, weil uns jemand für unentbehrlich hält. Kurz: Wir sind brauchbar, weil wir Erfolge haben.

Ein christliches Leben führen heißt: *in* der Welt leben, ohne *von* ihr zu sein. Diese innere Freiheit kann vor allem in der Einsamkeit wachsen.

In einem Leben ohne einsamen Ort, das heißt, in einem Leben ohne einen stillen Mittelpunkt, wird leicht eine zerstörerische Kraft wirksam. Wenn wir uns an die Ergebnisse unserer Taten klammern, weil *sie* unser ganzes Selbstbewußtsein ausmachen, werden wir besitzgierig und schlagen nach allen Seiten um uns; wir neigen dann dazu, unsere Mitmenschen eher als Feinde zu empfinden, die es sich vom Leib zu halten gilt, und nicht als Freunde, mit denen man die Gaben seines Lebens teilen kann.

In der Einsamkeit können wir nach und nach entlarven, welche Illusion unsere Besitzgier darstellt, und wir können im Mittelpunkt unseres eigenen Wesens entdecken, daß wir nicht das sind, was wir *erkämpfen*, sondern das, was uns *geschenkt* wird. In der Einsamkeit können wir auf die Stimme dessen hören, der zu uns gesprochen hat, noch ehe wir imstande waren, ein einziges Wort zu sprechen; der uns geheilt hat, noch ehe wir Anstalten machen konnten, jemandem zu helfen; der uns freigesetzt hat, lange bevor wir andere befreien konnten, und der uns geliebt hat, lange bevor wir fähig waren, irgend jemanden zu lieben.

Diese Einsamkeit ist der Ort, an dem wir entdecken können, daß *Sein* wichtiger als *Haben* ist und daß wir mehr wert sind als das, was auf der Schautafel unserer Erfolge aufleuchtet. In der Einsamkeit entdecken wir, daß unser Leben nicht ein *Besitztum* ist, das wir *verteidigen* müssen, sondern ein *Geschenk*, das wir mit anderen *teilen* dürfen. Dort geht uns auf, daß die heilenden Worte, die wir sprechen, nicht von uns selbst stammen, sondern uns geschenkt werden; daß die Liebe, die wir andere spüren lassen können, Anteil an einer größeren Liebe ist; und daß das neue Leben, das wir hervorbringen, nicht ein Eigentum ist, an das wir uns klammern müssen, sondern ein Geschenk, für das wir die Hände offenhalten dürfen.

In der Einsamkeit werden wir gewahr, daß unser Wert nicht das gleiche ist wie unsere Nützlichkeit.

GEBET

Herr, du hast mich erforscht, und du kennst mich.
Ob ich sitze oder stehe, du weißt von mir.
Von fern erkennst du meine Gedanken.
Ob ich gehe oder ruhe, es ist dir bekannt;
du bist vertraut mit all meinen Wegen.

Erforsche mich, Gott, und erkenne mein Herz,
prüfe mich, und erkenne mein Denken!
Sieh her, ob ich auf dem Weg bin, der dich kränkt,
und leite mich auf dem altbewährten Weg!

Ps 139,1-3.23-24

Freitag
der zweiten Fastenwoche

WORT GOTTES

„Darum sage ich euch: Das Reich Gottes wird euch weggenommen und einem anderen Volk gegeben werden, das die erwarteten Früchte bringt." Mt 21,43

BESINNUNG

Selbst wenn es den Tatsachen entsprechen sollte, daß die christliche Verkündigung kaum noch irgend etwas Neues für die meisten Menschen enthält, steckt in der Kernbotschaft des Evangeliums dennoch eine Wahrheit, die noch niemand wirklich voll verwirklicht hat. Echtes Hören auf die Botschaft des Gotteswortes bedeutet im Grunde die ständige Bereitschaft, einzugestehen, daß man noch nicht ganz in die Tat und das Leben umgesetzt hat, was zu glauben man bekennt.

Wer zum Beispiel hört gern, daß die Letzten die Ersten sein werden, wenn er zufällig der Erste ist? Und wer hört gern, daß die Armen, die Trauernden, die Hungrigen und Durstigen und die Verfolgten seliggepriesen werden, wenn er selber reich, selbstzufrieden, wohlgenährt, ein Freund gepflegter Weine und bei seinen Freunden allseits beliebt ist? Wer möchte hören, daß er seine Feinde lieben und beten soll für diejenigen, die ihn verfolgen, wenn er seinen Chef einen Idioten und seinen eigenen Sohn einen Tunichtgut heißt.

Die Botschaft mag unser Lebtag lang die gleiche

sein und mit unterschiedlichen Worten und Weisen wieder und wieder verkündet werden – wer sie wirklich an sich herankommen läßt, der riskiert immer noch, daß er zu Erkenntnissen kommt, die für seinen Lebensstil einschneidende Folgen haben könnten; und daran hat er durchaus kein Interesse.

Genau besehen ist die Wahrheit radikal: Sie geht an die Wurzeln des menschlichen Lebens, und zwar so bedingungslos, daß es nur wenige Menschen gibt, die das zulassen und die Freiheit erlangen wollen, die das mit sich bringt. Es gibt tatsächlich eine offenkundige Angst, der Wahrheit in all ihrer Direktheit und Einfachheit ins Gesicht zu schauen. Darum neigen wir Menschen dazu, uns der Wahrheit mit Ärger und Wut zu verweigern, statt in Demut zuzugeben, daß auch wir zu der Art Menschen gehören, die Jesus kritisiert hat.

Ein Christ ist nur dann ein Christ, wenn er der Gesellschaft, in der er lebt, unablässig kritische Fragen stellt und ständig auf die Notwendigkeit hinweist, sich zu bekehren. Solcher Bekehrung bedarf nicht nur jeder einzelne, sondern auch die gesamte Welt.

Ein Christ ist nur dann ein Christ, wenn er es sich selbst und jedem anderen verbietet, sich endgültig bequem einzurichten. Er bleibt unzufrieden mit dem Status quo. Und er glaubt, daß er eine wesentliche Rolle bei der Verwirklichung der neuen Welt, die kommen soll, zu spielen hat – selbst wenn er nicht sagen kann, auf welche Weise diese Welt kommen wird.

Ein Christ ist nur dann ein Christ, wenn er nicht aufhört, jedem, dem er begegnet, zu sagen, die Frohe Botschaft vom Reich Gottes müsse der ganzen Welt verkündet und vor allen Völkern bezeugt werden (Mt 24,14).

Solange ein Christ lebt, bleibt er auf der Suche nach einer neuen Ordnung, in der es keine Einteilung von Menschen in verschiedenen Kategorien gibt; in der die Strukturen so sind, daß jeder Mensch dem andern die Hand schütteln kann; er bleibt auf der Suche nach einem neuen Leben, in dem dauerhaft Einheit und Frieden herrschen.

Ein wirklicher Christ wird seine Mitmenschen davon abhalten, auf der Stelle zu treten, den Mut zu verlieren oder sich in kleine Alltagsvergnügen zu flüchten und sich darin zu verlieren. Zufriedenheit und Selbstgenügsamkeit machen ihn bei sich selbst und bei anderen unruhig, denn er weiß mit unerschütterlicher Gewißheit, daß etwas ganz Großes im Kommen ist, dessen erste Lichtstrahlen er bereits gesehen hat. Er glaubt nicht nur, daß diese Welt vergeht, sondern er ist davon überzeugt, daß sie vergehen *muß*, damit eine neue Welt geboren werden kann. Er glaubt, daß es keinen Augenblick in diesem Leben gibt, in dem man sich gemütlich zur Ruhe setzen kann in der Meinung, es bleibe nichts mehr zu tun. Aber er wird nicht alle Hoffnung fahren lassen, wenn er nicht die Ergebnisse sieht, die er gern gesehen hätte. Denn bei all seinen Bemühungen hat er immer die Worte dessen im Ohr, der auf dem Throne sitzt: „Siehe, ich mache alles neu“ (Offb 21,5).

GEBET

Gott, du willst uns kundtun,
wie reich die Herrlichkeit deines Geheimnisses
unter den Völkern ist, das da ist:
Christus in uns, die Hoffnung auf die Herrlichkeit!
Ihn sollen wir verkünden:
jeden Menschen ermutigen und
zur Kenntnis dieser Weisheit bringen. Nach Kol 1,27f

Samstag

der zweiten Fastenwoche

WORT GOTTES

„Ich will zu meinem Vater gehen und zu ihm sagen: Vater, ... ich bin nicht mehr wert, dein Sohn zu sein ... Dann brach er auf und ging zu seinem Vater. Der sah ihn schon von weitem kommen, und er hatte Mitleid mit ihm. Er lief dem Sohn entgegen, fiel ihm um den Hals und küßte ihn.“ Lk 15,18-20

BESINNUNG

Die Geschichte vom Verlorenen Sohn ist die Geschichte einer Rückkehr. Ich sehe, wie wichtig es ist, immer wieder zurückzukehren. Mein Leben treibt von Gott fort. Ich muß zurückkehren ... Die Mühsal der Rückkehr dauert das ganze Leben lang.

Mir fällt auf, daß der davongelaufene Sohn ziemlich egoistische Beweggründe hatte. Er sagte sich: „Wie viele Tagelöhner meines Vaters haben mehr als genug zu essen, und ich komme hier vor Hunger um. Ich will aufbrechen und zu meinem Vater gehen.“ Er ist nicht zurückgekehrt aus neuerlicher Liebe zu seinem Vater. Nein, er ist nur zurückgekehrt, um zu überleben. Er hatte festgestellt, daß der Weg, den er eingeschlagen hatte, ihn in den Tod führte. Wenn er am Leben bleiben wollte, war die Rückkehr zu seinem Vater unumgänglich. Es ist ihm bewußt geworden, daß er gesündigt hatte, aber diese Erkenntnis ging ihm auf, weil die Sünde ihn bis an den Rand des Todes gebracht hatte.

Ich bin davon bewegt, daß der Vater nicht auf höheren Beweggründen bestanden hat. Seine Liebe war so absolut und uneingeschränkt, daß er einfach seinen Sohn wieder bei sich aufgenommen hat.

Das ist ein sehr tröstlicher Gedanke. Gott verlangt von uns kein lauteres Herz, bevor er uns in die Arme schließt. Selbst wenn wir nur zurückkehren, weil es uns kein Glück gebracht hat, unseren Wünschen nachzulaufen, nimmt Gott uns wieder auf. Selbst wenn wir zurückkehren, weil unsere Sünden uns nicht den Genuß geboten haben, den wir erhofft hatten, nimmt Gott uns wieder auf. Selbst wenn wir zurückkehren, weil wir es allein nicht geschafft haben, nimmt Gott uns auf. Gottes Liebe verlangt von uns keine Begründung. Gott ist froh, uns wieder zu Hause zu sehen, und will uns geben, was wir nur wünschen, nur weil wir wieder da sind.

Ich betrachte Rembrandts Gemälde *Die Rückkehr des Verlorenen Sohnes.* Der schwachsichtige alte Vater hält seinen zurückgekehrten Sohn in vorbehaltloser Liebe an seine Brust gedrückt. Er schaut seinen Sohn nicht an, sondern ... scheint nur eins zu sagen: „Jetzt ist er wieder da, und ich freue mich so."

Die Stimme der Verzweiflung sagt: „Ich sündige immer wieder von neuem. Nachdem ich mir und anderen wer weiß wie oft versprochen habe, es beim nächsten Mal besser zu machen, finde ich mich doch stets in demselben dunklen Loch. Vergiß die guten Vorsätze! Ich habe es jahrelang versucht. Es hat doch nichts geholfen und wird auch nie helfen."

Diese merkwürdig verlockende Stimme räumt auf mit allen Ungewißheiten und macht Schluß mit dem Ringen. Sie spricht unmißverständlich für das Dunkel und lockt mit einer Selbstnegation ohne Wenn und Aber.

Jesus ist aber gekommen, um unser Ohr für eine andere Stimme zu öffnen, die sagt: „Ich bin dein Gott, ich habe dich mit eigener Hand geschaffen und ... liebe dich mit einer grenzenlosen Liebe. Lauf nicht vor mir weg. Komm zurück zu mir, immer wieder. Du bist mein Kind. Wie kannst du jemals zweifeln, daß ich dich wieder in die Arme schließen werde? Ich bin dein Gott – der Gott des Erbarmens und des Mitleidens, der Gott der Vergebung und der Liebe, der Gott, der dich liebevoll umsorgt. Sag doch, bitte, nicht, mir läge nichts mehr an dir und es gäbe keinen Weg zurück. Ich möchte vielmehr, daß du bei mir bist. Ich möchte so sehr, daß du eng mit mir befreundet bist. Ich kenne all deine Gedanken und sehe all deine Taten. Und ich habe dich lieb, denn du bist schön, nach meinem Bild geschaffen. Richte dich nicht selbst. Laß meine Liebe bis in die tiefsten Winkel deines Herzens gelangen und dir deine eigene Schönheit im Licht meines Erbarmens wieder zeigen. Komm, laß mich deine Tränen trocknen und laß meinen Mund dir ins Ohr flüstern: Ich liebe dich."

Das ist die Stimme, die Jesus uns hören lassen will; die Stimme, die uns ruft, immer zu dem Einen zurückzukehren, der uns in seiner Liebe erschaffen hat und uns in seinem Erbarmen neuschaffen will.

GEBET

O Herr, mein Herr,
hilf mir, auf deine Stimme zu hören
und mich für dein Erbarmen zu entscheiden.

Dritter Fastensonntag

WORT GOTTES

„Wer von dem Wasser trinkt, das ich ihm geben werde, wird niemals mehr Durst haben. Es wird in ihm zur sprudelnden Quelle werden, deren Wasser ewiges Leben schenkt." Joh 4,14

BESINNUNG

In der Mitte der Fastenzeit ist es mir aufgegangen, daß es wieder Ostern wird: die Tage werden länger, der Schnee wird immer weniger, die Sonne spendet neue Wärme, und ein Vogel singt. Gestern schrie eine Katze während des Nachtgebets. Ja, der Frühling kündigt sich an. Und heute abend, Herr, hörte ich deinem Gespräch mit der Samariterin zu. Du sagtest: „Wer von dem Wasser trinkt, das ich ihm geben werde, wird niemals mehr Durst haben; vielmehr wird das Wasser in ihm zur sprudelnden Quelle werden, deren Wasser ewiges Leben schenkt" (Joh 4,14).

Was für Worte! Sie sind es wert, stundenlang, tagelang, wochenlang bedacht zu werden. Ich will sie in meine Vorbereitung auf Ostern einbeziehen. Das Wasser, das du gibst, wird zu einem Quell. Deshalb darf ich nicht mit deiner Gabe geizen, Herr. Ich kann das Wasser unbekümmert aus meinem Inneren hervorquellen und jedermann, der will, davon trinken lassen. Vielleicht werde ich diesen Quell sogar in mir wahrnehmen, wenn andere zu ihm kommen, um ihren Durst zu löschen.

In der Eucharistie zeigt sich die bedingungslose Liebe Gottes am deutlichsten. Jesus ist nicht nur Mensch geworden, sondern auch Brot und Wein, damit Gottes Liebe durch unser Essen und Trinken zu unserer eigenen Liebe werden kann.

Das große Geheimnis der Eucharistie besteht darin, daß uns Gottes Liebe ganz konkret angeboten wird – und zwar nicht als Vorbild, als Gedanke, als Ideal oder als Lehre, sondern als Nahrung für unser tägliches Leben. Die eucharistische Speise macht uns den Weg frei, um Gottes Liebe zu unserer eigenen machen zu können. Jesus selbst hat uns dies mit den Worten erklärt: „... denn mein Fleisch ist wirklich eine Speise, und mein Blut ist wirklich ein Trank. Wer mein Fleisch ißt und mein Blut trinkt, der bleibt in mir, und ich bleibe in ihm. Wie mich der lebendige Vater gesandt hat und wie ich durch den Vater lebe, so wird jeder, der mich ißt, durch mich leben" (Joh 6,54ff).

Wenn du in der Eucharistie den Leib und das Blut Jesu empfängst, wird seine Liebe an dich weitergegeben. Die Liebe Jesu, die du durch das Altarsakrament empfängst, ist die gleiche Liebe, die Jesus am Kreuz gezeigt hat. Es ist die Liebe Gottes zu allen Menschen, aus welcher Zeit und aus welchem Ort sie auch stammen mögen – zu Menschen aller Religionen und aller Überzeugungen, aller Rassen und Stände, aller Stämme und Völker, zu allen Sündern und allen Heiligen.

Am Kreuz hat Jesus uns gezeigt, wie weit Gottes Liebe geht. Es ist eine Liebe, welche sogar jene Menschen mit einschließt, die ihn kreuzigten. Als Jesus gebrochen und aller Dinge beraubt am Kreuz hängt, bittet er noch für seine Henker: „Vater, vergib ihnen, denn sie wissen nicht, was sie tun." Die Liebe Jesu zu seinen Feinden kennt keine Grenzen. Er bittet sogar für die, welche ihn töten. Es ist diese Liebe

Gottes, die den Feind mit einschließt, welche uns in der Eucharistie angeboten wird. Wir selbst haben nicht die Kraft, unseren Feinden zu vergeben; sie ist ein Geschenk Gottes. Deshalb ist es wichtig, die Eucharistie zum Mittelpunkt unseres Lebens zu machen. In ihr empfangen wir die Liebe, die uns den Weg gehen läßt, den Jesus vorangegangen ist – ein schmaler, beschwerlicher Weg, der aber wirklich Freude und Frieden schenkt und der uns befähigt, die gewaltlose Liebe Gottes in dieser Welt sichtbar zu machen.

GEBET

Wie der Hirsch lechzt nach frischem Wasser,
so verlangt, o Gott, meine Seele nach dir.

Denn bei dir ist die Quelle des Lebens,
in deinem Licht schauen wir das Licht.

Ps 42,2; 36,10

Montag
der dritten Fastenwoche

WORT GOTTES

In jener Zeit begann Jesus in der Synagoge in Nazaret darzulegen: „Amen, das sage ich euch: Kein Prophet wird in seiner Heimat anerkannt ... Als die Leute in der Synagoge das hörten, gerieten sie alle in Wut. Sie sprangen auf und trieben Jesus zur Stadt hinaus."

Lk 4,24.28f

BESINNUNG

Der Sohn Gottes wurde Mensch inmitten eines kleinen, unterdrückten Volkes, in ärmlichen Verhältnissen. Er lebte in einem unansehnlichen Dorf und zog drei Jahre lang mit ein paar Fischern aus Galiläa als Prediger von Ort zu Ort. Er wurde von den Machthabern seines Landes verachtet und schließlich auf schändliche Weise zwischen zwei Verbrechern hingerichtet.

Es gibt wenig Aufsehenerregendes in diesem Leben. Und wenn wir uns etwas näher mit den Wundern beschäftigen, die Jesus wirkte, werden wir feststellen, daß er die Menschen nicht deshalb heilte oder zum Leben erweckte, um bekannt zu werden. Häufig verbot er ihnen sogar, darüber zu sprechen. Und selbst seine Auferstehung geschah im Verborgenen. Nur seine Jünger und einige der Frauen und Männer, die ihn vor seinem Tod gut gekannt hatten, haben ihn als den auferstandenen Herrn gesehen.

Man kann sich heute, da das Christentum eine der

großen Weltreligionen geworden ist und Millionen von Menschen den Namen Jesu Christi täglich aussprechen, kaum vorstellen, daß Jesus Gott in der Verborgenheit offenbart hat. Weder das Leben Jesu noch sein Tod und seine Auferstehung zielten darauf hin, die Menschen mit der Allmacht Gottes zu überrumpeln. Gott ist ein kleiner, verborgener, fast unsichtbarer Gott geworden ... Es ist ein Geheimnis, das in einer Zeit, in der Bekanntheit für sehr wichtig gehalten wird, um so größer erscheint. Wir neigen dazu, etwas für um so wichtiger anzusehen, je mehr Menschen davon wissen und darüber reden. Das ist verständlich, wenn wir davon ausgehen, daß große Popularität meist viel Geld bedeutet und viel Geld wiederum viel Macht – und daß Macht den Schein der Wichtigkeit erweckt.

In unserer Gesellschaft sind es oft die Statistiken, die den Grad der Wichtigkeit bestimmen. Die am häufigsten verkaufte Langspielplatte, das meistgelesene Buch, der reichste Mann, der höchste Turm, das teuerste Auto – das ist es, was zählt.

Es fällt mir immer wieder auf, daß in unserer nach publicity heischenden Welt viele Diskussionen über Gott davon ausgehen, daß auch Gott sich mehr zu erkennen geben müsse. Oft sagt man: „Falls dein Gott tatsächlich existiert, warum zeigt er seine Allmacht nicht deutlicher in unserer chaotischen Welt?“ Gott wird gleichsam vor den Kadi zitiert und aufgefordert, zunächst einmal zu beweisen, daß er auch wirklich existiert.

Auch wird gesagt: „Ich habe Gott überhaupt nicht nötig. Ich komme schon allein zurecht! Und übrigens hat mir Gott bei meinen Problemen noch nie geholfen!“ Die Verbitterung und der Sarkasmus, die daraus sprechen, zeigen, was man von Gott erwartet: daß er zumindest für seine eigene Popularität sorgen muß. Oft klingt es dann so, als habe Gott ein ebenso großes Popularitätsbedürfnis wie wir.

Betrachtet man aber Jesus, der gekommen ist, um uns Gott zu offenbaren, sieht man, daß er gerade alle Popularität meidet. Jesus weist immer wieder darauf hin, daß Gott sich im Verborgenen offenbart. Das mag zwar ziemlich paradox klingen, doch akzeptieren wir dies, ja, wagen wir uns in dieses Paradox hinein, betreten wir den Weg des geistlichen Lebens.

GEBET

Herr, ich bitte für alle, die in dieser Welt Zeugnis von dir geben: Seelsorger, Priester und Bischöfe, Männer und Frauen, die dir ihr Leben geweiht haben, und alle jene, die sich bemühen, das Licht der Frohbotschaft in das Dunkel dieser Zeit zu tragen. Gib ihnen Mut, Kraft, Ausdauer und Zuversicht; erfülle ihnen Sinn und Herz mit dem Wissen um deine Nähe und laß sie erfahren, daß dein Name ihre Zuflucht in jeder Gefahr ist.

Vor allem aber gib ihnen die Freude deines Geistes, so daß sie, wohin sie auch gehen und wem immer sie begegnen, den Schleier von Verzagtheit, Fatalismus und Niedergeschlagenheit zerreißen und den vielen Menschen in ihrer beständigen Todesangst neues Leben bringen können. Herr, sei mit allen, die das Evangelium verkünden. Amen.

Dienstag
der dritten Fastenwoche

WORT GOTTES

„Deine ganze Schuld habe ich dir erlassen, weil du mich so angefleht hast. Hättest nicht auch du ... Erbarmen haben müssen, so wie ich mit dir Erbarmen hatte?"
Mt 18,32f

BESINNUNG

Gottes mitleidende Barmherzigkeit ist keine abstrakte oder unbestimmte Größe, sondern eine konkrete, ganz bestimmte Bewegung, mit der Gott seine Hand nach uns ausstreckt. Die Fülle des göttlichen Mitleidens erblicken wir in Jesus Christus. Zu uns, die wir zerschmettert am Boden liegen und nach einer Hand rufen, die sich nach uns ausstreckt, nach einem Arm, der uns umfängt, nach Lippen, die uns küssen, nach einem Wort, das sich uns hier und jetzt mitteilt, und einem Herzen, das nicht vor unseren Ängsten und unserem Zittern zurückschreckt; zu uns, die wir unseren Schmerz so schneidend spüren, wie kein anderer Mensch ihn spürt, gespürt hat oder je spüren wird, und die wir immer darauf warten, daß jemand sich uns zu nahen wagt – zu uns ist ein Mensch gekommen, der wahrhaft sagen konnte: „Ich bin bei dir." Jesus Christus ist in der Freiheit der Liebe zu uns gekommen, nichts hat ihn gezwungen, unser Menschsein am eigenen Leib zu ertragen.

In Jesus Christus, dem gehorsamen Knecht, der nicht an seiner Gottheit festhielt, sondern sich entäußerte und den Menschen gleich wurde, hat Gott die ganze Fülle seiner mitleidenden Barmherzigkeit offenbart. Er ist Immanuel, Gott-mit-uns. Der große Ruf, den wir vernommen haben, fordert uns auf, unser Leben im Mitleiden zu führen.

Solange wir auf dieser Erde leben, muß unser Christenleben vom Mitleiden geprägt sein, wenngleich das Leben im geteilten Leid nicht unser letztes Ziel ist. Wir können solch ein Leben tatsächlich nur dann ganz verwirklichen, wenn wir wissen, daß es über sich hinausweist.

Wir wissen, daß er, der sich entäußert und erniedrigt hat, erhöht worden ist und einen Namen erhalten hat, der größer ist als alle Namen, und wir wissen auch, daß er uns zurückgelassen hat, um einen Platz für uns vorzubereiten, an dem alles Leid überwunden und Mitleiden nicht mehr nötig sein wird.

Es gibt den neuen Himmel und die neue Erde, auf die wir mit geduldiger Erwartung hoffen. Die Offenbarung des Johannes läßt sie uns so schauen: „Ich sah die heilige Stadt, das neue Jerusalem, von Gott her aus dem Himmel herabkommen; sie war bereit wie eine Braut, die sich für ihren Mann geschmückt hat. Da hörte ich eine laute Stimme vom Thron her rufen: Seht, die Wohnung Gottes unter den Menschen! Er wird in ihrer Mitte wohnen, und sie werden sein Volk sein; und er, Gott, wird bei ihnen sein. Er wird alle Tränen von ihren Augen abwischen: Der Tod wird nicht mehr sein, keine Trauer, keine Klage, keine Mühsal. Denn was früher war, ist vergangen“ (Offb 21,2-4).

Das ist die Vision, nach der wir uns richten. Diese Vision läßt uns einer des anderen Last tragen, unser Kreuz miteinander auf uns nehmen und vereint einer besseren Welt entgegengehen. Diese Vision nimmt dem Tod die Verzweiflung, dem Leiden das Ungesunde und öffnet neue Ausblicke. Diese Vision gibt uns auch die Kraft, schon mitten im Gewirr des Lebens ihre erste Verwirklichung sichtbar zu machen. Zwar ist sie die Vision einer zukünftigen Welt. Aber sie ist keine Utopie. Die Zukunft hat schon begonnen und zeigt sich jedesmal, wenn man Fremde aufnimmt, Nackte bekleidet, Kranke oder Gefangene besucht und Unterdrückung beseitigt. Durch diese Taten der Dankbarkeit kann man wie durch einen Spalt den ersten Blick auf einen neuen Himmel und eine neue Erde erhaschen.

GEBET

Herr, hilf mir,
meine Augen auf dich gerichtet zu halten.
Du bist die menschgewordene Liebe Gottes,
du bist die Offenbarung des unendlichen göttlichen Erbarmens,
du bist die sichtbare Kundgabe der Heiligkeit des Vaters.
Du bist Schönheit, Güte, Vergebung und Barmherzigkeit.
Dir möchte ich alles geben, was ich bin.
Mach mich großmütig, nimm von mir meinen Kleinmut und meine Zaghaftigkeit. Amen.

Mittwoch
der dritten Fastenwoche

WORT GOTTES

„Achte gut auf dich! Vergiß nicht die Ereignisse, die du mit eigenen Augen gesehen, und die Worte, die du gehört hast. Laß sie dein ganzes Leben lang nicht aus dem Sinn!" Dtn 4,9

BESINNUNG

Durch das Erinnern treten wir in eine fruchtbare und tragfähige Beziehung zu Christus ein. In seinen Abschiedsreden sagte Jesus zu seinen Jüngern: „Es ist gut für euch, daß ich fortgehe. Denn wenn ich nicht fortgehe, wird der Beistand nicht zu euch kommen; ... Wenn aber jener kommt, der Geist der Wahrheit, wird er euch in die ganze Wahrheit führen" (Joh 16,7.13). Hier enthüllt Jesus seinen engsten Freunden, daß nur im Erinnern wirkliche Nähe zu ihm möglich sein wird, daß sie nur im Erinnern die volle Bedeutung dessen erleben werden, wovon sie Zeugen waren.

Sie lauschten seinen Worten, sie sahen ihn auf dem Berg Tabor, sie hörten ihn von seinem Tod und seiner Auferstehung sprechen, aber ihre Ohren und Augen blieben verschlossen, und sie verstanden ihn nicht. Der Geist, sein Geist, war noch nicht gekommen, und obwohl sie ihn sahen und hörten, ihn berühren konnten, blieben sie ihm fern. Erst später, als er von ihnen gegangen war, konnte sich ihnen sein wahrer Geist offenbaren. In seiner Abwesenheit wurde eine neue und persönlichere Gegenwart möglich, eine

Gegenwart, die mitten in den Trübsalen Kraft und Halt gab; und diese Gegenwart schuf das Verlangen, ihn wiederzusehen. Das große Geheimnis der göttlichen Offenbarung besteht darin, daß Gott nicht nur durch das Kommen Christi mit uns in eine persönliche Beziehung eintrat, sondern auch durch sein Weggehen. Tatsächlich geschieht die Vertiefung unserer persönlichen Beziehung zu Christus gerade in seiner Abwesenheit so sehr, daß wir sagen können, er wohne in uns, daß wir ihn unsere Speise und unseren Trank nennen können und daß wir ihn als die Mitte unseres Seins erfahren können.

Daß dies weit davon entfernt ist, nur eine theoretische Vorstellung zu sein, wird an dem Leben von Menschen wie Dietrich Bonhoeffer und Alfred Delp klar, die Christi Gegenwart mitten in seiner Abwesenheit erfuhren, während sie in den Nazigefängnissen auf den Tod warteten. Bonhoeffer schreibt: „Der Gott, der mit uns ist, ist der Gott, der uns versucht (Mk 15,34) ... Vor Gott und mit Gott leben wir ohne Gott."

So ist die Erinnerung an Jesus Christus viel mehr, als sich vergangene Erlösungstatsachen ins Gedächtnis zu rufen. Es ist ein lebenspendendes Sich-Erinnern, ein Erinnern, das uns hier und jetzt Halt gibt, uns nährt und uns so ein wirkliches Bewußtsein davon verleiht, inmitten der vielen Krisen des täglichen Lebens einen festen Stand zu haben.

Bei Jesus waren Worte und Tun, das, was er sagte, und das, was er tat, nicht voneinander unterschieden. Jesu Worte waren das, was er tat, seine Worte waren Ereignisse. Sie kündeten nicht nur von Veränderung, Heilung und neuem Leben, sondern sie haben sie tatsächlich hervorgebracht. In diesem Sinne ist Jesus wirklich das fleischgewordene Wort; in diesem Wort ist alles erschaffen, und durch dieses Wort wird alles neugeschaffen.

Heiligmäßig leben heißt, so leben, daß zwischen Wort und Tat kein Unterschied besteht. Wenn ich in meinem persönlichen Leben wirklich das Wort leben würde, das ich verkünde, würden meine gesprochenen Worte zu Taten, und jedesmal wenn ich den Mund auftäte, würden Wunder geschehen.

GEBET

Wir preisen dich, Gott,
wir preisen dich!
Wir rühmen deinen Namen
und erzählen deine Wunder.
Frohlocken darf ich auf ewig,
Jakobs Gott darf ich singen. Vgl. Ps 75,2.10

Donnerstag

der dritten Fastenwoche

WORT GOTTES

„Wer nicht für mich ist, der ist gegen mich; wer nicht mit mir sammelt, der zerstreut.“ Lk 11,23

BESINNUNG

Das geistliche Leben wird uns geschenkt. Es wird uns geschenkt vom Heiligen Geist, der uns in das Reich der Liebe Gottes versetzt. Aber wenn man sagt, in das Reich der Liebe Gottes versetzt zu werden sei ein reines Geschenk von Gott her, so bedeutet das nicht, daß wir untätig warten sollen, bis uns dieses Geschenk zuteil wird. Jesus weist uns an, unser Herz auf das Himmelreich zu richten. Um sein Herz gezielt auf etwas auszurichten, bedarf es nicht nur eines ehrlichen Wollens, sondern auch einer festen Entschlossenheit. Das geistliche Leben stellt an den Menschen den Anspruch, sich unablässig Mühe zu geben. Die Kräfte, die uns immer wieder in ein sorgenerfülltes Leben zurückzerren wollen, sind alles andere als leicht zu überwinden.

„Wie schwer“, ruft Jesus aus, „werden die Reichen in das Reich Gottes hineingelangen!“ (Mk 10,23). Und um uns von der Notwendigkeit intensiver Anstrengung zu überzeugen, sagt er: „Wenn einer mir nachfolgen will, verleugne er sich selbst, nehme sein Kreuz auf sich und folge mir nach“ (Mt 16,24).

Wir rühren hier an die Frage der Disziplin im geistlichen Leben. Disziplin gehört wesentlich zur

Jüngerschaft. Die Übung geistlicher Disziplin schärft unser Wahrnehmungsvermögen für die leise, sanfte Stimme Gottes. Dem Propheten Elija hat sich Gott nicht im mächtigen Sturmwind oder im Erdbeben oder im Feuer offenbart, sondern im leisen Säuseln eines Windhauchs (1 Kön 19,9-13). Uns einer geistlichen Disziplin unterwerfen heißt: unser Gehör für diesen leisen Windhauch schärfen und zur Antwort bereit sein, wenn wir ihn hören.

Unser sorgenerfülltes, vollgestopftes Leben ist gewöhnlich von so viel innerem und äußerem Lärm umgeben, daß es sehr schwierig ist, unseren Gott wirklich zu hören, wenn er zu uns spricht. Oft sind wir ganz taub geworden; wir können gar nicht ausmachen, wann Gott uns ruft, und wir erfassen nicht, in welche Richtung er uns ruft. Unser Leben ist dadurch buchstäblich absurd geworden. Im Wort „absurd“ steckt ja das lateinische Wort „surdus“, und das bedeutet: „taub“.

Das Hören auf Gott muß man mühsam lernen. Gott spricht ständig zu uns; aber wir hören selten auf ihn. Wenn wir allmählich horchen lernen, wird unser Leben ein Leben des Gehorsams. Im Wort „Gehorsam“ steckt das Wort „hören“. Geistliche Disziplin ist notwendig, damit nach und nach aus unserem absurden Leben ein gehorsames Leben wird; aus unserem mit geräuschvollen Sorgen angefüllten Leben ein Leben, in dem es einen inneren Freiraum gibt, wo wir auf unseren Gott hören und uns seiner Führung anvertrauen können.

Das Leben Jesu war ein Leben des Gehorsams. Er hörte ständig auf den Vater, achtete ständig aufmerksam auf seine Stimme, war ständig bereit, seinen Weisungen zu folgen. Jesus war „ganz Ohr“. Darin besteht das Eigentliche des Gebets: ganz Ohr für Gott sein. Den innersten Kern allen Betens stellt dieses Hören dar, dieses gehorsame Stehen in der Gegenwart Gottes.

Ein geistlich disziplinierter Mensch schiebt der Welt einen Riegel vor, damit sie sein Leben nicht derart ausfüllt, daß darin kein Raum mehr für das Hören bleibt. Die geistliche Disziplin setzt uns für das Gebet frei oder, besser gesagt, ermöglicht es dem Geist Gottes, in uns zu beten.

GEBET

Allmächtiger Gott,
gib, daß wir dem Ruf deiner Gnade folgen
und uns mit um so größerem Eifer
auf die Feier der österlichen Geheimnisse vorbereiten,
je näher das Fest der Erlösung herankommt.

Tagesgebet

Freitag
der dritten Fastenwoche

WORT GOTTES

„Du sollst den Herrn, deinen Gott, lieben mit ganzem Herzen und ganzer Seele, mit all deinen Gedanken und all deiner Kraft.“ Mk 12,30

BESINNUNG

Ein geistliches Leben führen heißt: in der Gegenwart Gottes leben. Diese ganz schlichte Wahrheit wurde mir eindringlich vor Augen geführt von Bruder Lorenz, einem französischen Karmelitenbruder, der im 17. Jahrhundert gelebt hat. Das Buch „Leben in der Gegenwart Gottes“ enthält vier Gespräche mit Bruder Lorenz und fünfzehn Briefe von ihm.

Er schreibt: „Um bei Gott zu sein, ist es nicht nötig, immer in einer Kirche zu weilen. In unserem Herzen können wir eine stille Kammer des Gebets aufschlagen, wohin wir uns von Zeit zu Zeit zurückziehen und mit ihm liebende Zwiesprache halten. Jeder kann ganz nahe mit Gott umgehen; der eine mehr, der andere weniger. Er weiß, was wir leisten können. Beginnen wir also! Vielleicht wartet er auf einen hochherzigen Entschluß bei uns. Warum wollen wir den Einsatz nicht wagen?

Allerdings ist nur das die rechte Übung, bei der das Herz von allem Irdischen frei ist. Gott will unser Herz allein. Er kann es so lange nicht in Besitz nehmen, solange es nicht durch und durch lauter ist. Er kann so lange nicht in ihm wirken, bis es ihm nicht ganz und bedingungslos übergeben ist."

Trotz ihrer großen Schlichtheit ist die Botschaft von Bruder Lorenz sehr tief. Für ihn, der ganz nah zu Gott gekommen ist, fügt sich alles zur Einheit. Gott allein zählt, und in Gott werden alle Menschen und Dinge in Liebe umfangen. In Gottes Gegenwart zu leben bedeutet: in Reinheit und Einfalt des Herzens zu leben und seinen Willen vorbehaltlos anzunehmen. Das erfordert tatsächlich eine Wahl, eine Entscheidung und großen Mut. Und das ist ein Zeichen wahrer Heiligkeit.

GEBET

Mein Herr, du hast einmal gesagt: „Es ist der Wille dessen, der mich gesandt hat, daß ich keinen von denen, die er mir gegeben hat, verlorengehen lasse" (Joh 6,39). Diese Worte sind ein Quell des Trostes. Sie zeigen, daß du alles tust, was nur getan werden kann, um mich in deiner Liebe zu bewahren; daß du wirklich in diese Welt gekommen bist, um mich zu erlösen, mich von den Fesseln des Bösen und der Sünde zu befreien und mich in das Haus deines Vaters zu führen; daß du bereit bist, gegen die Mächte und Gewalten zu kämpfen, die mich von dir fortziehen.

Herr, du willst mich bewahren, an mir festhalten, für mich streiten, mich behüten, mir helfen, mich stützen, mich trösten und mich deinem Vater vorstellen. Du hast tatsächlich die göttliche Aufgabe, mich nicht zu verlieren! Und dennoch bin ich frei. Ich kann mich von dir trennen, und diese Freiheit wirst du mir niemals nehmen. Welch ein Wunder der Liebe, welch ein Geheimnis der göttlichen Gnade!

Ich bitte dich, Herr, laß mich in Freiheit deine Liebe wählen, damit ich dir nicht verlorengehe. Amen.

Samstag

der dritten Fastenwoche

WORT GOTTES

„Kommt, wir kehren zum Herrn zurück! Denn er hat Wunden gerissen, er wird uns auch heilen; er hat verwundet, er wird auch verbinden ... Er richtet uns auf, und wir leben vor seinem Angesicht.“ Hos 6,1f

BESINNUNG

Die Bedingung für ein geistliches Leben ist die Umkehr des Herzens, eine Bekehrung. Eine solche Bekehrung kann durch einen plötzlichen inneren Umschwung erfolgen; sie kann aber auch in einem langen, ruhigen Umwandlungsprozeß geschehen. Immer bringt sie eine innere Erfahrung des Einsseins mit sich. Wir spüren dann, daß wir von einer Mitte ausgehen und daß wir von dieser Mitte her alles, was es gibt und was sich ereignet, als Bestandteil des geheimnisvollen Lebens Gottes mit uns sehen und verstehen können. Unsere Konflikte und Schmerzen, unsere Aufgaben und Versprechen, unsere Familien und Freunde, unsere Aktivitäten und Vorhaben, unsere Hoffnungen und Erwartungen kommen uns dann nicht mehr als ermüdendes Vielerlei von Dingen vor, die wir nur mit Mühe und Not auf einen Nenner bringen können. Im Gegenteil: Sie werden uns zu Bestätigungen und Offenbarungen des neuen Lebens, das der Geist in uns gewirkt hat und wirkt. Das Viele, das es zu tun gibt und das uns so überlastet und mit ängstlichen Sorgen erfüllt hatte, begegnet uns nun in der Form von Gaben oder Aufforderungen, die das neue Leben, das wir entdeckt haben, stärken und vertiefen.

Das bedeutet nicht, daß das geistliche Leben die Dinge leichter macht oder uns unserer Kämpfe und Nöte enthebt. Das Leben der Jünger Jesu zeigt deutlich, daß das Leiden durch den Umstand, sich bekehrt zu haben, nicht geringer wird. Zuweilen steigert sich das Leiden sogar nach der Bekehrung noch. Aber unsere Aufmerksamkeit richtet sich nicht länger darauf, wie groß oder wie klein der Schmerz nun im einzelnen ist. Es kommt uns nur noch darauf an, aufmerksam zu hören, was der Geist uns sagen will, und gehorsam dorthin zu gehen, wohin er uns führen will, mag das nun ein Ort voller Freude oder ein Ort voller Schmerzen sein.

Unsere Erfahrung kann weiterhin eine Erfahrung der Armut, des Leids, des Kampfes, der Beklemmung, der Todesangst und sogar der inneren Dunkelheit sein. Gott kann alle diese Mittel anwenden, um uns zu läutern. Aber aus unserem Leben sind dann die Langeweile, der Groll, die Niedergeschlagenheit und das Gefühl, einsam und verlassen zu sein, verbannt. Wir haben gelernt, alles in unserem Leben als Stück unseres Weges ins Haus des Vaters zu verstehen.

GEBET

O Herr, diese heilige Fastenzeit vergeht schnell. Ich trat in sie ein mit Furcht, aber auch mit hohen Erwartungen. Ich hoffte auf einen großen Durchbruch, eine entscheidende Bekehrung, eine echte Herzensumwandlung. Ich wünschte mir ein so lichterfülltes Ostern, daß nicht eine Spur von Dunkelheit in meiner Seele zurückbliebe. Aber ich weiß, daß du nicht in Blitz und Donner zu deinem Volk kommst.

Sogar der heilige Paulus und der heilige Franziskus gingen durch viel Dunkelheit hindurch, bevor sie dein Licht sehen konnten. Laß mich dankbar sein für den leichten Weg, auf den du mich führst. Ich weiß, daß du am Werk bist. Ich weiß, daß du mich nicht allein läßt. Ich weiß, daß du mich für das Osterfest bereitest, jedoch so, wie es meiner Vergangenheit und meinem eigenen Temperament entspricht.

Ich bete, daß diese letzten drei Wochen, in denen du mich einlädtst, tiefer in das Geheimnis deiner Passion einzudringen, mir ein größeres Verlangen schenken, dir auf dem Weg zu folgen, den du mir bereitet hast, und das Kreuz anzunehmen, das du mir gibst. Laß mich dem Wunsch absterben, mir meinen eigenen Weg aussuchen zu wollen und mir mein eigenes Kreuz zu wählen. Du willst keinen Helden aus mir machen, sondern einen Knecht, der dich liebt.

Sei mit mir, morgen und in den kommenden Tagen, und laß mich deine milde Gegenwart erfahren. Amen.

Herr, du weißt alles;
du weißt, daß ich dich liebe. Joh 21,17

Vierter Fastensonntag

WORT GOTTES

„Gott sieht ... nicht auf das, worauf der Mensch sieht. Der Mensch sieht, was vor den Augen ist, der Herr aber sieht das Herz.“ 1 Sam 16,7

BESINNUNG

Dem Weltlichen verhaftet sein heißt, sich in bestimmter Weise von der Reaktion unserer Umgebung abhängig zu machen. Wie Thomas Merton sagt, ist das weltliche oder falsche Ich das Produkt der gesellschaftlichen Zwänge. Tatsächlich wird das falsche Ich am besten damit beschrieben, daß es unter Zwang steht, einem Zwang, der sich im Bedürfnis nach ständiger und zunehmender Bestätigung äußert.

Wer bin ich? Ich bin der, den man mag, den man lobt und bewundert, oder den man nicht mag, den man haßt oder verachtet ...

Dieser Zwang verrät sich selbst durch die heimliche Angst zu versagen und durch den ständigen Druck, dieses Versagen mit allen Mitteln zu verhindern. So gerate ich in einen Teufelskreis: immer größere Aufgaben und Verantwortung, mehr Geld und Besitz, einen größeren Freundes- und Bekanntenkreis.

Genau diese Zwänge bilden den Grund für die beiden Hauptfeinde des geistlichen Lebens: Ärger und Begierde. Sie sind die Kehrseite unseres im Weltlichen aufgehenden Lebens, die sauren Früchte unserer Abhängigkeit von der Welt.

Es ist gar nicht so erstaunlich, daß Antonius und seine Gefährten die widerspruchslose Hinnahme der Grundsätze und Wertmaßstäbe ihrer Gesellschaft als Katastrophe ansahen. Sie hatten erfahren, wie schwer es nicht nur für den einzelnen Christen, sondern auch für die Kirche selbst ist, den verführerischen Zwängen der Welt zu entgehen. Was war ihre Antwort? Sie verließen das sinkende Schiff und schwammen um ihr Leben. Und der Rettungshafen heißt Wüste, Ort der Einsamkeit.

Einsamkeit ist der Schmelzofen der Verwandlung. Ohne Einsamkeit bleiben wir Opfer unserer Gesellschaft und verstricken uns weiterhin in die Täuschungen des falschen Ich. Jesus selbst ist in diesen Schmelzofen eingegangen. Da wurde er durch die drei Zwänge der Welt versucht: Ansehen zu genießen („verwandle Steine in Brot"), Aufsehen zu erregen („stürze dich hinab") und Macht zu besitzen („all diese Reiche will ich dir geben"). Da bekannte er Gott als die einzige Quelle seiner Identität („vor dem Herrn, deinem Gott, sollst du dich niederwerfen und ihm allein dienen"). Einsamkeit ist der Ort des großen Kampfes und der großen Begegnung – des Kampfes gegen die Zwänge des falschen Ich und der Begegnung mit dem liebenden Gott, der dem neuen Ich sein eigenes Wesen schenkt.

Unser Herz ist der Mittelpunkt unseres Menschseins. Hier haben unsere tiefsten Gedanken, Gefühle, Regungen und Entscheidungen ihre Wurzeln. Hier sind wir aber auch am meisten uns selbst entfremdet. Wir kennen unser Herz kaum oder überhaupt nicht. Wir bleiben zu ihm auf Distanz, als hätten wir Angst vor ihm. Was am intimsten ist, schreckt uns auch am meisten ab. Gerade dort, wo wir am intensivsten wir selbst sind, stehen wir uns wie Fremde gegenüber. Das ist der Schmerz unseres Menschseins. Wir kennen unsere eigene Verborgenheit nicht und leben und sterben deshalb oft, ohne jemals wirklich zu erfahren, wer wir eigentlich sind. Wenn wir uns fragen: Warum denke ich so, warum fühle ich, handele ich so, bleiben wir oft die Antwort schuldig. Dann zeigt es sich, daß wir Fremde in unserem eigenen Haus sind.

Das Geheimnis des geistlichen Lebens besteht darin, daß Jesus uns in der Verborgenheit unseres eigenen Herzens begegnen und uns dort seine Liebe zeigen möchte, daß er uns von unserer Furcht vor uns selbst befreien und uns mit unserem innersten Selbst konfrontieren möchte. Deshalb können wir in der Verborgenheit unseres Herzens nicht nur Jesus kennenlernen, sondern durch Jesus auch uns selbst.

GEBET

Allmächtiger Gott,
dein ewiges Wort ist das wahre Licht,
das jeden Menschen erleuchtet.
Heile die Blindheit unseres Herzens,
damit wir erkennen, was vor dir recht ist,
und dich aufrichtig lieben.

Tagesgebet

Montag
der vierten Fastenwoche

WORT GOTTES

„In Kafarnaum lebte ein königlicher Beamter; dessen Sohn war krank. Als er hörte, daß Jesus ... gekommen war, suchte er ihn auf und bat ihn, herabzukommen und seinen Sohn zu heilen ... Da sagte Jesus zu ihm: Wenn ihr nicht Zeichen und Wunder seht, glaubt ihr nicht. Der Beamte bat ihn: Herr, komm herab, ehe mein Kind stirbt. Jesus erwiderte ihm: Geh, dein Sohn lebt! Der Mann glaubte dem Wort, das Jesus zu ihm gesagt hatte, und machte sich auf den Weg."

Joh 4,46-50

BESINNUNG

Der hinabsteigende Leidensweg Jesu ist Gottes radikalster Versuch, uns davon zu überzeugen, daß uns alles, wonach wir uns sehnen, in der Tat geschenkt worden ist. Nur eines wird von uns verlangt: an diese Liebe zu glauben. „Glaube" ist ein Wort, das häufig so verstanden wird, als müsse man etwas annehmen, was man nicht begreifen kann. Die Leute sagen oft: „So etwas kann man nicht erklären; man muß es einfach glauben." Wenn aber Jesus über den Glauben spricht, meint er nicht „ja sagen" zu etwas, das unser Verstand nicht fassen kann, sondern völliges vertrauen-dürfen, daß man geliebt wird – so daß man alle falschen Wege, sich Liebe zu erheischen, aufgeben kann.

So sagt Jesus auch zu Nikodemus, daß wir durch den Glauben an die hinabsteigende Liebe Gottes von

Angst und Gewalt befreit und das ewige Leben erlangen werden.

Das Geheimnis der Liebe Gottes liegt nicht darin, daß er unsere Schmerzen stillt, sondern darin, daß er sie zunächst einmal mit uns teilen will. Aus dieser göttlichen Solidarität entspringt neues Leben. Wenn das Leid der Menschen Jesus in seinem Innersten bewegt, so ist das tatsächlich eine Bewegung auf ein neues Leben hin. Gott ist unser Gott, der Gott der Lebendigen. In seinem göttlichen Mutterschoß wird das Leben immer wieder neu geboren ... Die eigentliche Frohbotschaft besagt, daß Gott kein ferner Gott ist, kein Gott, den man fürchten und meiden muß, kein Gott der Rache, sondern ein Gott, den unser Leid ergreift und der am Ringen der Menschen voll und ganz Anteil nimmt.

GEBET

Gut und gerecht ist der Herr,
darum weist er die Irrenden auf den rechten Weg.
Die Demütigen leitet er nach seinem Recht,
die Gebeugten lehrt er seinen Weg.

Zu dir, Herr, erhebe ich meine Seele.
Mein Gott, auf dich vertraue ich.

Ps 25,8.9.1

Dienstag
der vierten Fastenwoche

WORT GOTTES

„Jesus sagte (zum Geheilten): Jetzt bist du gesund; sündige nicht mehr!" Joh 5,14

BESINNUNG

Beten heilt. Nicht nur die Erhörung eines Gebetes. Wenn wir aufhören, Gott den Platz streitig zu machen, und Gott rückhaltlos auch den letzten Winkel unseres Herzens anbieten, werden wir Gottes Liebe zu uns kennenlernen und feststellen, wie geborgen wir in seinen Armen sind. Sobald wir wieder wissen, daß Gott uns nicht verstoßen hat, sondern uns immer an sein Herz drückt, können wir wieder Freude am Leben finden, wenn Gott vielleicht auch unser Leben in eine Richtung lenkt, die nicht unseren Wünschen entspricht.

Eine kleine kritische Bemerkung und ein paar ärgerliche Dinge während der Arbeit haben genügt, um mich kopfüber in einen Abgrund düsterer Stimmung zu stürzen. Das hat viele feindselige Gefühle ausgelöst, und in einer langen Folge krankhafter Assoziationen empfand ich mich selbst mehr und mehr widerwärtig, auch meine Vergangenheit, meine Arbeit und alle Leute, die mir in den Sinn kamen. Aber glücklicherweise sah ich mich selbst stolpern und war erstaunt darüber, welch kleine Dinge ausreichten, um mir meinen inneren Frieden zu nehmen und meine ganze Sicht der Welt aus den Angeln zu heben. Wie verwundbar ich doch bin!

Es ist schwer, in einer solchen Stimmung zu beten. Aber noch während der Terz, dem kurzen Gebet unmittelbar nach der Arbeit, haben wir gelesen: „Ist jemand unter euch in Bedrängnis? Er wende sich zum Gebet." Tatsächlich ist das Gebet der einzig mögliche Weg, mein Herz zu reinigen und neuen Raum zu schaffen. Ich entdecke, wie wichtig jener innere Raum ist. Wenn er vorhanden ist, scheint es, daß ich viele Anliegen anderer Menschen darin aufnehmen kann, ohne bedrückt zu werden. Wenn ich jenen inneren stillen Ort spüre, kann ich für viele andere beten und eine sehr intime Beziehung zu ihnen empfinden. Dort scheint sogar Raum zu sein für die Tausende leidender Menschen in Gefängnissen und in den Wüsten von Nordafrika.

Jetzt weiß ich, daß nicht ich es bin, der betet, sondern daß der Geist Gottes in mir betet. Tatsächlich, wenn Gottes Herrlichkeit in mir wohnt, dann ist nichts zu weit entfernt, nichts zu schmerzlich, nichts zu fremd oder zu vertraut, als daß sie es nicht in sich aufnehmen und durch ihre Berührung erneuern könnte. Jedesmal, wenn ich die Herrlichkeit Gottes in mir erkenne und ihr Raum gebe, um sich mir zu offenbaren, kann ich alles Menschliche zu ihr bringen, und alles wird von ihr verwandelt. Von Zeit zu Zeit weiß ich es genau: Doch, Gott hört mein Gebet. Er selbst betet in mir und rührt hier und jetzt die ganze Welt mit seiner Liebe an.

GEBET

Herr Jesus Christus, bevor du den Gelähmten heiltest, so daß er wieder umhergehen konnte, hast du ihm die Sünden vergeben. So bitte ich dich, laß mich besonders in dieser österlichen Bußzeit deine verzeihende Liebe in meinem Leben besser erkennen, und laß mich weniger darum besorgt sein, wie ich in den Augen der anderen dastehe. Gib, daß ich dich in der Tiefe meines Herzens an jenem jungfräulichen Punkt entdecke, wo du wohnst und mich heilst.

Laß mich erfahren, daß du die Mitte meines Wesens bist und mich von dorther lehren und führen willst. Laß mich dich als meinen liebenden Bruder erkennen, der mir nichts – nicht einmal meine schlimmsten Sünden – nachträgt, der mich vielmehr berühren und sanft in die Arme schließen will. Nimm die vielen Ängste, den Argwohn und den Zweifel von mir, durch die ich dich hindere, mein Herr zu sein. Gib mir den Mut und die Freiheit, nackt und verwundbar in dein Licht zu treten und deiner unfaßbaren Barmherzigkeit zu vertrauen.

Ich weiß, wie hartnäckig mein Widerstand ist, wie schnell ich das Dunkel statt das Licht wähle. Aber ich weiß auch, daß du nicht müde wirst, mich in das Licht zu rufen, in dem ich nicht nur meine Sünden, sondern auch dein gütiges Antlitz sehen kann.

Sei mir nahe in jeder Stunde meines Lebens. Lob und Preis sei dir jetzt und für immer. Amen.

Mittwoch

der vierten Fastenwoche

WORT GOTTES

„Der Sohn kann nichts von sich aus tun, sondern nur, wenn er den Vater etwas tun sieht. Was nämlich der Vater tut, das tut in gleicher Weise der Sohn." Joh 5,19

BESINNUNG

Wenn Jesus gehorcht, dann hört er vorbehalt- und furchtlos auf seinen Vater, der ihn liebt. Zwischen dem Vater und dem Sohn west nur Liebe. Der Vater vertraut alles, was ihm gehört, dem Sohn an (Lk 10,22), und alles, was der Sohn empfangen hat, schenkt er dem Vater zurück. Der Vater öffnet sich selbst ganz für den Sohn und legt ihm alles in die Hand: alles Wissen (Joh 12,50), alle Herrlichkeit (Joh 8,54), alle Macht (Joh 5,19-21). Und der Sohn öffnet sich selbst ganz für den Vater und legt so alles in die Hände seines Vaters zurück: „Ich bin vom Vater ausgegangen und in die Welt gekommen. Nun verlasse ich die Welt wieder und gehe zum Vater" (Joh 16,28).

Diese unerschöpfliche Liebe zwischen dem Vater und dem Sohn schließt in sich und übersteigt zugleich alle uns bekannten Weisen der Liebe. Sie schließt in sich die Liebe eines Vaters und einer Mutter, die Liebe einer Schwester und eines Bruders, die Liebe eines Ehemannes und seiner Frau. Aber sie übersteigt auch bei weitem die vielen beschränkten und beschränkenden menschlichen Erfahrungen der Liebe, die wir kennen. Es ist eine sorgende und zugleich anspruchsvolle Liebe, eine helfende und doch strenge Liebe, eine gütige und doch starke Liebe, eine Liebe, die Leben schenkt und doch den Tod annimmt.

Aus dieser göttlichen Liebe heraus wurde Jesus in die Welt gesandt, und dieser göttlichen Liebe hat sich Jesus selbst am Kreuz ausgeliefert. Diese allumfassende Liebe, der Inbegriff der Beziehung zwischen Vater und Sohn, ist eine göttliche Person, wesensgleich mit dem Vater und dem Sohn. Sie hat einen eigenen Namen: Heiliger Geist. Der Vater liebt den Sohn und gibt sich ganz her im Sohn. Der Sohn wird vom Vater geliebt und schenkt alles, was er ist, dem Vater zurück. Der Geist ist die Liebe selbst, die ewig den Vater und den Sohn umfaßt.

Diese ewige Liebesgemeinschaft ist die Mitte und die Quelle des geistlichen Lebens Jesu, eines Lebens ununterbrochener Aufmerksamkeit auf den Vater im Geist der Liebe. Aus diesem Leben erwächst Jesu Dienst. Sein Essen und Fasten, sein Beten und Handeln, sein Wandern und Ruhen, sein Predigen und Unterweisen, sein Teufelaustreiben und Heilen – alles hat er in diesem Geist der Liebe getan. Es ist ausgeschlossen, jemals den vollen Sinn der vielfältigen Tätigkeiten Jesu zu erfassen, wenn wir nicht erkennen, daß all diese vielen Dinge aus einer einzigen Haltung stammen: aus dem Hören auf den Vater in der Intimität einer vollkommenen Liebe. Wenn wir das sehen, wird uns auch aufgehen, daß genau dies das Ziel des Wirkens Jesu war: uns in diese intimste Gemeinschaft einzubeziehen.

Im Evangelium der heutigen Tagesmesse erklärt Jesus, daß alles, was er tut, in Verbindung mit seinem Vater geschieht ... Jesu Worte haben für mich einen besonderen Klang. Ich muß mein Leben lang mit Jesus in Verbindung bleiben und durch ihn mit dem Vater.

Auf dieser Verbindung beruht das ganze geistliche Leben. Diese Verbindung bewahrt mein Leben davor, sich in dem Bemühen, „am Ball zu bleiben“, zu verzehren. Diese Verbindung bewahrt mich davor, daß meine Tage langweilig, mühselig, auslaugend, deprimierend und leer werden.

Wenn alles, was ich tue, immer mehr zum Ausdruck meiner Teilnahme am Leben Gottes werden kann, das ein totales Geben und Nehmen in Liebe ist, wird auch alles andere gesegnet und verliert seine Bruchstückhaftigkeit. Das heißt nicht, daß alles einfach und harmonisch wird. Es wird immer noch viel auszustehen sein, aber wenn das in Verbindung mit Gottes eigenem Todesleiden geschieht, kann auch mein Todesleiden zum Leben führen.

GEBET

Ich bete zu dir, Herr, zur Zeit der Gnade.
Erhöre mich in deiner großen Huld,
Gott, hilf mir in deiner Treue!
Erhöre mich, Herr, in deiner Huld und Güte,
wende dich mir zu in deinem großen Erbarmen!
Verbirg nicht dein Gesicht vor deinem Knecht!

Ps 69,14.17.18a

Donnerstag

der vierten Fastenwoche

WORT GOTTES

„Wie könnt ihr zum Glauben kommen, wenn ihr eure Ehre voneinander empfangt, nicht aber die Ehre sucht, die von dem einen Gott kommt?" Joh 5,44

BESINNUNG

Das Wort „Herrlichkeit" hat im Johannesevangelium eine zentrale Bedeutung ... Es gibt Gottes Herrlichkeit, die wahre Herrlichkeit, die zum Leben führt, und es gibt die menschliche Herrlichkeit und Ehre, den eitlen Ruhm, der zum Tode führt. Johannes zeigt allenthalben in seinem Evangelium, wie wir versucht sind, den eitlen Ruhm über die Herrlichkeit zu stellen.

Menschlicher Ruhm hängt immer irgendwie mit Wettbewerb zusammen; menschlicher Ruhm ergibt sich daraus, daß man für besser, schneller, schöner, mächtiger oder erfolgreicher gehalten wird als andere. Der Ruhm, den man von Menschen erlangt, beruht darauf, daß man im Vergleich mit anderen vorteilhaft abschneidet. Je höher unser Punktestand in der Tabelle des Lebens, um so mehr Ruhm erlangen wir. Dieser Ruhm stellt sich ein, wenn man aufsteigt. Je höher wir es auf der Leiter des Erfolgs bringen, um so mehr Ruhm ernten wir. Aber eben dieser Ruhm hat für uns auch seine Schattenseiten. Menschlicher Ruhm, der auf Wettbewerb beruht, führt zu Nebenbuhlerschaft; Nebenbuhlerschaft trägt den Keim der Gewalttätigkeit in sich; und Gewalttätigkeit führt zum

Tode. So erweist sich der menschliche Ruhm als eitler Ruhm, als trügerischer Ruhm und als tödlicher Ruhm.

Was ermöglicht es uns, Gottes Herrlichkeit zu schauen und zu erlangen? Johannes zeigt in seinem Evangelium, daß Gott es vorgezogen hat, uns seine Herrlichkeit in seiner Erniedrigung zu offenbaren. Das ist die frohe, aber auch die beunruhigende Botschaft. Gott hat es in seiner unendlichen Weisheit vorgezogen, uns seine Gottheit nicht im Wettstreit mit uns, sondern im Mitleid, das heißt im Leiden zu offenbaren. Gott hat sich für den Abstieg entschieden. Immer wenn Jesus davon spricht, verherrlicht zu werden und zu verherrlichen, spielt er auf seine Erniedrigung und seinen Tod an.

Das Kreuz ist der Weg, auf dem Jesus Gott verherrlicht, von Gott verherrlicht wird und uns Gottes Herrlichkeit offenbart. Die Herrlichkeit der Auferstehung kann man nie von der Herrlichkeit des Kreuzes trennen. Der auferstandene Herr zeigt uns immer seine Wundmale.

So bildet Gottes Herrlichkeit den Gegensatz zur Menschenherrlichkeit. Die Menschen suchen Herrlichkeit im Aufstieg. Gott offenbart seine Herrlichkeit im Abstieg. Wenn wir wirklich Gottes Herrlichkeit schauen wollen, müssen wir mit Jesus hinuntersteigen. Das ist der tiefste Grund, solidarisch mit Armen, Unterdrückten und Behinderten zusammenzuleben. Sie sind es, durch die Gottes Herrlichkeit sich uns enthüllen kann. Sie zeigen uns den Weg zu Gott, den Weg zum Heil.

GEBET

O Herr, wie oft habe ich diese Wochen der österlichen Bußzeit schon verbracht, ohne viel an Buße, Fasten und Gebet zu denken! Wie oft habe ich die geistlichen Früchte dieser Zeit vergeudet, ohne es überhaupt zu merken! Aber wie kann ich jemals wirklich Ostern feiern, ohne die Fastenzeit einzuhalten? Wie kann ich mich vollkommen über deine Auferstehung freuen, wenn ich der Teilnahme an deinem Tod ausgewichen bin?

Ja, Herr, ich muß sterben – mit dir, durch dich und in dir –, um dich zu erkennen, wenn du mir als Auferstandener erscheinst. So vieles in mir muß sterben: falsche Anhänglichkeiten, Gier und Ärger, Ungeduld und Geiz. Ich bin eigensüchtig, um meine Karriere, meine Zukunft, mein Ansehen besorgt.

Ich sehe nun klar, wie wenig ich mit dir gestorben bin, wirklich deinen Weg gegangen und ihm treu geblieben bin.

O Herr, mach diese Fastenzeit anders als die früheren. Laß mich dich wiederfinden. Amen.

Freitag

der vierten Fastenwoche

WORT GOTTES

„Ihr kennt mich und wißt, woher ich bin; aber ich bin nicht in meinem eigenen Namen gekommen, sondern er, der mich gesandt hat, bürgt für die Wahrheit. Ihr kennt ihn nur nicht. Ich kenne ihn, weil ich von ihm komme und weil er mich gesandt hat." Joh 7,28f

BESINNUNG

Die Gemeinschaft mit Jesus Christus verpflichtet nicht, so viel wie möglich zu leiden, sondern mit ihm furchtlos auf Gottes Liebe zu hören.

Wir sind oft in der Versuchung, das Leiden als „Gottes Willen" zu „erklären". Das kann nicht nur Zorn und Frustration heraufbeschwören, es ist sogar falsch. „Gottes Wille" ist kein Etikett, das man dem Unglück umhängen kann. Gott will Freude bringen, nicht Schmerz, Frieden, nicht Krieg, Heilung, nicht Leiden. Wir müssen also, anstatt alles und jedes zum Willen Gottes zu stempeln, bereit sein, uns zu fragen, wo wir inmitten unserer Schmerzen und Leiden die liebende Gegenwart Gottes erkennen können.

Wenn wir jedoch entdecken, daß unser gehorsames Hinhören uns an unsere leidenden Nächsten weist, können wir in der frohen Gewißheit zu ihnen gehen, daß die Liebe uns zu ihnen führt. Wir sind so schlechte Zuhörer, weil wir Angst haben, es gebe in Gott noch etwas anderes als Liebe. Das ist gar nicht so merkwürdig, da wir die Liebe selten, wenn überhaupt, ungetrübt von Eifersucht, Mißgunst, Rachsucht oder gar Haß erleben. Oft sehen wir die Liebe von Einschränkungen und Vorbehalten eingegrenzt. Wir sind geneigt anzuzweifeln, was sich uns als Liebe zeigt, sind immer auf der Hut und rechnen mit Enttäuschungen. Es fällt uns schwer, einfach zuzuhören oder zu gehorchen. Jesus aber hat wirklich zugehört und gehorcht, weil er allein die Liebe seines Vaters kannte: „Niemand hat den Vater gesehen außer dem, der von Gott ist; nur er hat den Vater gesehen" (Joh 6,46). „Ihr kennt ihn nur nicht. Ich kenne ihn, weil ich von ihm komme" (Joh 7,28).

Jesus ist in die Welt gekommen, um uns in seinen göttlichen Gehorsam hineinzunehmen. Er wollte uns zum Vater führen, damit wir uns derselben innigen Liebe erfreuten wie er. Wenn uns aufgeht, daß wir in und durch Jesus zu Töchtern und Söhnen Gottes berufen sind, damit wir auf ihn, unseren lieben Vater, in totalem, rückhaltlosem Vertrauen hören, werden wir auch erkennen, daß wir zu keinem geringeren Mitleiden aufgefordert sind als Jesus selbst.

Wenn der Gehorsam unser erstes und einziges Anliegen wird, können wir auch mitleidend in die Welt hinausgehen und das Leiden der Welt so tief mitfühlen, daß wir anderen durch unser barmherziges Mitleiden neues Leben schenken können.

Mehr denn je scheint die Welt, in der wir heute leben und über deren Leiden wir soviel wissen, eine Welt zu sein, von der sich Christus zurückgezogen hat. Wie kann ich daran glauben, daß wir in dieser Welt unablässig darauf vorbereitet werden, den Heiligen Geist zu empfangen? Und doch glaube ich, daß gerade darin die Botschaft der Hoffnung besteht. Gott hat sich nicht zurückgezogen. Er hat seinen Sohn gesandt, damit er unsere menschliche Lage teile, und der Sohn hat uns seinen Geist gesandt, damit er uns mitten in sein göttliches Leben hineinführe. Gerade inmitten des verworrenen Leidens der Menschheit zeigt sich der Heilige Geist, der Geist der Liebe. Aber sind wir fähig, seine Gegenwart wahrzunehmen?

GEBET

Barmherziger Gott,
du kennst unsere Schwachheit und unsere Not.
Doch je hinfälliger wir sind,
um so mächtiger ist deine Hilfe.
Gib, daß wir das Geschenk dieser Gnadenzeit
freudig und dankbar annehmen
und dein Wirken in unserem Leben bezeugen.

Tagesgebet

Samstag
der vierten Fastenwoche

WORT GOTTES

„Einige aus dem Volk, die die Worte Jesu hörten, sagten: Er ist wahrhaftig der Prophet. Andere sagten: Er ist der Messias. Wieder andere sagten: Kommt denn der Messias aus Galiläa?" Joh 7,40f

BESINNUNG

Das heutige Evangelium (Joh 7,40-53) zeigt, daß Jesus nicht nur gute, treue Freunde hatte, die gewillt waren, ihm zu folgen, wohin er auch ging, und erbitterte Feinde, die es nicht abwarten konnten, ihn loszuwerden, sondern auch manche Mitläufer, die sich von ihm angezogen fühlten, aber auch Angst hatten.

Der reiche Jüngling hat Jesus geliebt, aber er konnte nicht von seinem Reichtum lassen, um ihm nachzufolgen. Nikodemus hat Jesus bewundert, aber er hatte Angst, die Achtung seiner Ratskollegen zu verlieren. Mir wird immer deutlicher bewußt, wie wichtig es ist, einen Blick auf diese ängstlichen Mitläufer zu werfen, denn sie sind die Gruppe, zu der ich am meisten neige.

Zu seinen Ratskollegen hat Nikodemus gesagt: „Verurteilt etwa unser Gesetz einen Menschen, bevor man ihn verhört und festgestellt hat, was er tut?" (Joh 7,51). Das sind vorsichtige Worte, Worte, die an Menschen gerichtet sind, die Jesus hassen. Aber sie nehmen Rücksicht auf ihre Verhältnisse. Sie besagen: „Selbst wenn ihr Jesus haßt und ihn umbringen wollt, gebt euch keine Blöße, haltet euch an eure eigenen

Vorschriften." Nikodemus hat das gesagt, um Jesus zu retten, aber er wollte seine Freunde nicht verlieren. Das ist nicht gelungen. Seine Freunde hatten nur Spott für ihn: „Bist du vielleicht auch aus Galiläa? Lies doch nach: Aus Galiläa kommen keine Propheten!" Das ist ein Angriff auf seine Herkunft und auf seine berufliche Qualifikation.

Die Szene ist nicht neu. Oft habe ich vor Ausschüssen und bei Sitzungen wie Nikodemus gesprochen. Statt unumwunden meine Liebe zu Jesus anzuführen, bin ich diplomatisch ausgewichen und habe zu bedenken gegeben, daß meine Freunde die Frage vielleicht auch unter einem anderen Aspekt betrachten sollten. Normalerweise sagen sie dann, ich hätte die Unterlagen nicht gründlich genug studiert, oder meine Gefühle schienen einer fachgerechten Behandlung der Frage im Weg zu stehen. Diejenigen, die das gesagt haben, wußten genau, worum es ging, und haben mich so zum Schweigen gebracht. Aber es war Angst, die mich daran gehindert hat, meine wirkliche Meinung zu sagen und Ablehnung zu riskieren.

Nikodemus verdient meine ganze Aufmerksamkeit.

GEBET

Mein Herr, zeige mir deine Freundlichkeit und Milde, weil du sanft und demütig von Herzen bist. Ich sage mir so oft: „Der Herr liebt mich", doch immer wieder muß ich bekennen, daß ich deine Liebe nicht völlig von meinem Verstand in mein Herz sinken ließ.

In den kommenden Wochen werde ich wieder sehen können, o Herr, wie sehr du mich in Wahrheit liebst. Laß mir diese Wochen zur Gelegenheit werden, meinen ganzen Widerstand gegen deine Liebe aufzugeben, damit du mich in deine größere Nähe rufen kannst. Amen.

Fünfter Fastensonntag

WORT GOTTES

„Ich bin die Auferstehung und das Leben. Wer an mich glaubt, wird leben, auch wenn er stirbt, und jeder, der lebt und an mich glaubt, wird auf ewig nicht sterben."

Joh 11,25f

BESINNUNG

Neues Leben durch Leiden und Tod finden, das ist der Kern der Frohen Botschaft. Jesus hat uns diesen schwierigen, doch befreienden Weg vorgelebt und ihn zum großen Zeichen für uns werden lassen. Menschen möchten immer wieder Zeichen sehen: wunderbare, außergewöhnliche und sensationelle Ereignisse, die uns von der harten Wirklichkeit abzulenken vermögen. Wir möchten gerne etwas Wunderbares sehen, etwas Außergewöhnliches, etwas, das das Alltägliche unterbricht. So können wir wenigstens einen Augenblick lang Verstecken spielen. Aber Jesus gibt denen, die ihm sagen: „Meister, wir wollen ein Zeichen von dir sehen", zur Antwort: „Diese böse und treulose Generation fordert ein Zeichen; aber es wird ihr kein anderes gegeben werden als das Zeichen des Propheten Jona. Denn wie Jona drei Tage und drei Nächte im Bauch des Fisches war, so wird auch der Menschensohn drei Tage und drei Nächte im Innern der Erde sein" (Mt 12,39f).

Daraus wird erkennbar, welches das wirkliche Zeichen ist: nicht ein sensationelles Wunder, sondern

Leiden und Tod, Begräbnis und Auferstehung Jesu. Das große Zeichen, das nur diejenigen verstehen können, die Jesus nachfolgen wollen, ist das Zeichen des Jona; auch er wollte der Wirklichkeit entfliehen, doch wurde er von Gott zurückgerufen, damit er seine schwere Aufgabe zu Ende führen konnte. Die Bereitschaft, Leiden und Tod ohne Umschweife ins Auge zu sehen und sie auch selbst zu erdulden – in der Hoffnung auf ein neues, von Gott geschenktes Leben –, das ist das Zeichen Jesu und jedes Menschen, der in der Nachfolge Jesu ein Leben im Geist führen will. Es ist das Zeichen des Kreuzes: das Zeichen von Leiden und Tod, aber auch das Zeichen der Hoffnung auf eine vollständige Erneuerung.

Ist Jesus auch ausdrücklich gegen den menschlichen Hang, Leiden und Tod zu vermeiden, angegangen, so haben seine Gefolgsleute aus Erfahrung gelernt, daß es besser ist, offenen Auges die Wahrheit zu leben, als sich Illusionen hinzugeben.

Leiden und Tod gehören zum schmalen Weg Jesu. Jesus verherrlicht sie nicht und nennt sie auch nicht schön, gut oder wünschenswert. Jesus ruft nicht zum Heldentum oder zum freiwilligen Opfertod auf. Nein, Jesus lädt uns ein, unserer Lebenswirklichkeit ins Gesicht zu schauen, und zeigt dann, daß diese rauhe Wirklichkeit der Weg zu einem neuen Leben ist. Im Kern besagt die Botschaft Jesu, daß man wahre Freude und wahren Frieden nie erreichen kann, wenn man sich an Leiden und Tod vorbeidrückt, sondern nur, wenn man durch sie hindurchgeht.

Dagegen könnte man einwenden: Wir haben ja gar keine andere Wahl. Gewiß, wer kann Leiden und Tod entgehen? Und doch: Wir können uns der Lebenswirklichkeit versagen oder uns ihr stellen. Wenn wir ihr ins Auge sehen, und das nicht in Verzweiflung, sondern mit den Augen Jesu, entdecken wir, daß sich da, wo wir es am wenigsten erwarten, eine Verheißung verbirgt, die noch stärker ist als der Tod. Jesus ist seinen Lebensweg in dem Vertrauen gegangen, daß Gottes Liebe stärker ist als der Tod und daß der Tod demnach nicht das letzte Wort hat. Er fordert uns auf, der schmerzlichen Wirklichkeit unseres Daseins mit demselben Vertrauen ins Auge zu sehen.

GEBET

Herr, du hast Worte des ewigen Lebens, du bist Speise und Trank, du bist der Weg, die Wahrheit und das Leben. Du bist das Licht, das in die Dunkelheit scheint, die Lampe auf dem Leuchter, die Stadt auf dem Berge. Du bist das vollkommene Abbild Gottes. In dir und durch dich kann ich den himmlischen Vater sehen, und mit dir kann ich den Weg zu ihm finden. Sei du mein Herr, mein Erlöser, mein Weggefährte, mein Tröster und mein Helfer, meine Hoffnung, meine Freude und mein Friede.

Dir möchte ich alles geben, was ich bin. Mach mich großmütig, nimm von mir meinen Kleinmut und meine Zaghaftigkeit. Laß mich dir alles schenken, alles, was ich habe, denke, tue und fühle. Es gehört dir, o Herr. Nimm es an, und laß es ganz dein eigen sein. Amen.

Montag
der fünften Fastenwoche

WORT GOTTES

„Die Schriftgelehrten und Pharisäer brachten eine Frau, die beim Ehebruch ertappt worden war ... (Sie) sagten zu ihm: Meister, ... Mose hat uns im Gesetz vorgeschrieben, solche Frauen zu steinigen. Nun, was sagst du? ... Als sie hartnäckig weiterfragten, richtete er sich auf und sagte zu ihnen: Wer von euch ohne Sünde ist, werfe als erster einen Stein auf sie."

Joh 8,3-5.7

BESINNUNG

Die eigentliche Frohbotschaft besagt, daß Gott kein ferner Gott ist, kein Gott, den man fürchten und meiden muß, kein Gott der Rache, sondern ein Gott, den unser Leid ergreift und der am Ringen der Menschen voll und ganz Anteil nimmt ...

Gott ist ein barmherziger Gott. Das heißt zuallererst, er ist ein Gott, der sich dafür entschieden hat, Gott mit uns zu sein.

Sobald wir Gott „Gott mit uns" nennen, treten wir in eine neue, innige Beziehung zu ihm. Wenn wir ihn Immanuel nennen, bekennen wir damit unsern Glauben, daß er sich darauf eingelassen hat, solidarisch mit uns zu leben, unsere Freuden und Leiden mit uns zu teilen, unser Schutz und Schirm zu sein und die ganze Last des Lebens mit uns zu tragen. Der Gott-mit-uns ist ein eng mit uns verbundener Gott, ein Gott, den wir unsere Zuflucht, unsere Burg, unsere Weisheit und sogar noch inniger unseren Beistand, unseren Hirten und unsere Liebe nennen.

Wir werden Gott nie wirklich als einen barmherzigen Gott kennenlernen, wenn wir nicht mit Herz und Geist erfassen, daß „er unter uns gewohnt hat" (Joh 1,14).

Wieso wissen wir, daß Gott unser Gott ist und nicht ein Fremder, ein Außenseiter, ein flüchtiger Passant?

Wir wissen es, weil Gottes Barmherzigkeit uns in Jesus erschienen ist. Jesus hat nicht nur gesagt: „Seid barmherzig, wie es auch euer Vater ist", sondern er war auch die konkrete Verkörperung dieser göttlichen Barmherzigkeit in unserer Welt.

Jesu Eingehen auf die Einfältigen, die Hungernden, Blinden, Aussätzigen, die Witwen und alle, die in ihrem Leid zu ihm kamen, war ein Ausfluß der göttlichen Barmherzigkeit, die Gott veranlaßt hat, einer von uns zu werden. Wir müssen genau auf Jesu Worte und Taten achten, wenn wir einen Blick in das Geheimnis dieser göttlichen Barmherzigkeit werfen wollen.

Wir würden die vielen Wunderberichte der Evangelien falsch verstehen, wenn sie uns nur beeindruckten, weil kranke und geplagte Menschen plötzlich von ihren Schmerzen befreit wurden. Wenn das wirklich in diesen Geschichten die Hauptsache wäre, könnte ein Zyniker mit Recht sagen, die meisten Menschen seien zur Zeit Jesu aber nicht geheilt worden, und diejenigen, die geheilt worden seien, hätten es für die anderen nur noch schlimmer gemacht.

Worauf es hier ankommt, ist das tiefe Mitleiden, das Jesus zu den Heilungen trieb.

GEBET

Herr, du bist nicht gekommen,
die Welt zu vernichten,
sondern die Welt zu retten.
Wer aber dich verachtet
und deine Worte nicht annimmt,
der hat seinen Richter:
Das Wort, das du gesprochen hast,
wird sein Richter sein.

Vgl. Joh 12,47f.

Dienstag
der fünften Fastenwoche

WORT GOTTES

„Ihr werdet erkennen, daß ich nichts im eigenen Namen tue, sondern nur das sage, was mich der Vater gelehrt hat. Und er, der mich gesandt hat, ist bei mir; er hat mich nicht allein gelassen, weil ich immer das tue, was ihm gefällt." Joh 8,28f

BESINNUNG

In all seinem Dienst wies Jesus von sich weg auf den Vater, der ihn gesandt hatte. Zu seinen Jüngern sagte Jesus: „Die Worte, die ich zu euch sage, habe ich nicht aus mir selbst. Der Vater, der in mir bleibt, vollbringt seine Werke" (Joh 14,10). Jesus, das menschgewordene Wort Gottes, sprach nicht, um die Aufmerksamkeit auf sich zu lenken, sondern um den Weg zu seinem Vater zu zeigen: „Vom Vater bin ich ausgegangen und in die Welt gekommen; ich verlasse die Welt wieder und gehe zum Vater" (Joh 16,28). „Ich gehe, um einen Platz für euch vorzubereiten ... damit auch ihr dort seid, wo ich bin" (Joh 14,2.3). So muß jeder, der seinen Dienst im Namen Jesu erfüllen will, auch über seine Worte hinaus auf das unsagbare Geheimnis Gottes weisen.

Wenn es wahr ist, daß das Schriftwort uns in das Schweigen Gottes führen sollte, dann müssen wir uns hüten, dieses Wort einfach als ein interessantes oder anregendes Wort zu verwenden; vielmehr muß es als ein Wort gebraucht werden, das in unserem Inneren den Bereich absteckt, in dem wir auf die liebende, fürsorgliche, sanfte Gegenwart Gottes lauschen können.

Jesus sagte: „Laßt uns anderswohin gehen, in die umliegenden Ortschaften, damit ich auch dort predige; denn dazu bin ich ausgegangen" (Mk 1,38). Die Worte, mit denen Jesus in diesen umliegenden Ortschaften zu den Menschen sprach, waren ihm aus der vertrauten Begegnung mit dem Vater erwachsen. Es waren Worte des Trostes und der scharfen Verurteilung, Worte der Hoffnung und der Warnung, einheitstiftende und zertrennende Worte. Er hatte den Mut, alle diese herausfordernden Worte auszusprechen, weil er sich nicht um seine eigene Ehre zu kümmern brauchte: „Wenn ich mich selbst ehre", so sagte er, „wäre meine Ehre nichts. Mein Vater ist es, der mich ehrt, von dem ihr sagt: ‚Er ist unser Gott.' Und doch habt ihr ihn nicht erkannt" (Joh 8,54-55).

Schon nach wenigen Jahren bekam Jesus die Folgen seiner Worte zu spüren: die Verwerfung und den Tod.

Jesus hat durch Leiden den Gehorsam gelernt. Das heißt, daß das schmerzliche Ringen, in das Jesus einging, ihn in höchster Vollendung auf Gott hören ließ. In seinem Leiden und durch sein Leiden lernte er Gott kennen und konnte seinem Ruf entsprechen. Vielleicht gibt es keine Worte, die so gut wie diese zusammenfassen, was „Kirche der Armen" bedeutet. Wenn man das Leid der Armen auf sich nimmt, wird man gehorsam, das heißt, man hört auf Gott. Leid, das man auf sich nimmt und aus Liebe mit anderen teilt, reißt die Mauern unseres Egoismus nieder und schenkt uns die Freiheit, in der wir Gottes Weisung entgegennehmen können.

Nichts ist wirklich, dessen Wirklichkeit nicht von Gott stammt. Das war die große Entdeckung des heiligen Franz, als er plötzlich die ganze Welt in Gottes Händen erblickte und sich fragte, warum Gott sie nicht fallen ließ. Der heilige Augustinus, die heilige Teresa von Ávila, der heilige Johannes Vianney und alle Heiligen sind gerade deshalb heilig, weil sich für sie die Seinsordnung umkehrte und sie sahen, spürten und – vor allem – mit dem Herzen erkannten, daß außer Gott nichts ist, nichts atmet, nichts sich regt und nichts lebt.

GEBET

Herr Jesus Christus,
das ist der Wille deines Vaters,
daß jeder, der dich sieht und
an dich glaubt, ewiges Leben habe,
und daß du ihn auferweckst am Jüngsten Tag.

Vgl. Joh 6,39f.

Mittwoch
der fünften Fastenwoche

WORT GOTTES

„Wenn ihr in meinem Wort bleibt, seid ihr wirklich meine Jünger. Dann werdet ihr die Wahrheit erkennen, und die Wahrheit wird euch frei machen."

Joh 8,31f.

BESINNUNG

Jesus ist wie wir geworden, damit wir wie er würden. Er hielt seine Gottgleichheit nicht wie eine Beute für sich selbst fest, sondern er entäußerte sich selbst und wurde so wie wir (Phil 2,6-7), damit wir so wie er würden und Anteil bekämen an seinem göttlichen Leben.

Diese völlige Umwandlung unseres Lebens ist das Werk des Heiligen Geistes. Die Jünger konnten fast gar nicht begreifen, was Jesus eigentlich wollte. Solange er im Fleisch unter ihnen anwesend war, erkannten sie noch nicht seine volle Gegenwart im Geist. Deshalb sagte Jesus: „Es ist gut für euch, daß ich weggehe. Denn wenn ich nicht weggehe, wird der Beistand nicht zu euch kommen. Wenn ich aber weggehe, werde ich ihn zu euch senden ..." (Joh 16,7).

Jesus sendet den Geist, damit er uns zur vollen Wahrheit des göttlichen Lebens führt. Mit „Wahrheit" ist nicht eine Idee, eine Vorstellung oder Lehre gemeint, sondern eine *wahre*, eine *wirkliche Beziehung*. „Zur Wahrheit geführt werden" bedeutet: in jene Beziehung hineingenommen werden, die Jesus zum

Vater hat. Es bedeutet den Eintritt in ein Verlöbnis mit Gott.

Deshalb erfährt die Sendung Jesu ihre Vollendung am Pfingsttag. An Pfingsten wird in aller Fülle sichtbar, was Jesus gewirkt hat. Der Heilige Geist kommt auf die Jünger herab und nimmt in ihnen Wohnung, und ihr Leben wird damit zu einem christusförmigen Leben umgewandelt. Es wird ein Leben, das die Züge der gleichen Liebe trägt, die zwischen dem Vater und dem Sohn west. So ist das geistliche Leben seinem Wesen nach ein Leben, das uns in den Rang von Teilhabern am göttlichen Leben emporhebt.

In das göttliche Leben des Vaters, des Sohnes und des Heiligen Geistes emporgehoben zu werden bedeutet aber nicht, aus der Welt herausgenommen zu werden. Im Gegenteil: Gerade diejenigen, die ins geistliche Leben eingetreten sind, werden in die Welt ausgesandt, um das Werk, das Jesus begonnen hat, fortzusetzen und zu vollenden.

Das geistliche Leben entfernt uns nicht von der Welt, sondern führt uns tiefer in sie hinein. Jesus sagt zu seinem Vater: „Wie du mich in die Welt gesandt hast, so habe auch ich sie in die Welt gesandt" (Joh 17,18). Er sagt ganz deutlich, daß seine Jünger gerade deshalb, weil sie nicht länger zur Welt gehören, *so* in der Welt leben können, wie er es getan hat (vgl. Joh 17,15f).

Wenn Menschen im Geist Jesu leben, heißt das also: Sie sind in dieselbe Gehorsamsbeziehung zum Vater eingetreten wie Jesus, und sie verwirklichen in ihrem Leben neu das Kommen Jesu in die Welt, sein Menschwerden, sein Sterben, sein Auferstehen. Wenn wir durch den Gehorsam Söhne und Töchter Gottes werden, wie Jesus der gehorsame Sohn des Vaters war, wird unser Leben zu einer Fortführung der Sendung Jesu.

Das innere Leben, sagt Gustavo Gutiérrez, hat mit den psychologischen Gegebenheiten nichts zu tun, die man durch Introspektion erreicht, es ist vielmehr das Leben, das man frei vom Zwang des Gesetzes, in paulinischem Sinn, lebt. Es ist ein Leben, das lieben darf. Das geistliche Leben ist daher der Ort der wahren Freiheit. Wenn wir es fertigbringen, die Zwänge und den Druck abzuschütteln, die von außen kommen, und uns einzig und allein vom Heiligen Geist, der Liebe Gottes, leiten lassen, dann können wir wirklich ein freies, inneres und geistliches Leben führen.

GEBET

Herr Jesus Christus, du bist die Wahrheit. Wenn ich fest in dir verwurzelt bleibe, lebe ich in der Wahrheit. Hilf mir, Herr, ein Leben aus der Wahrheit zu führen, ein Leben, in dem ich mich nicht von der Sorge um Beliebtheit, nicht von öffentlicher Meinung, Modeströmungen oder gängigen Schlagwörtern leiten lasse, sondern von der Erkenntnis, die aus meiner Kenntnis von dir stammt.

Es mögen Zeiten kommen, in denen das treue Festhalten an der Wahrheit schwer und hart sein wird und Unterdrückung, Verfolgung und Tod nach sich zieht. Herr, sei mit mir, wenn solche Zeiten kommen. Laß mich dann erfahren, daß Festhalten an der Wahrheit soviel bedeutet wie Festhalten an dir; daß Liebe und Wahrheit unzertrennlich sind und daß ein Leben aus der Wahrheit dasselbe ist wie die Wahrung der Treue in einer Liebesbeziehung.

Herr, ziehe mich immer näher zu dir. Amen.

Donnerstag
der fünften Fastenwoche

WORT GOTTES

„Amen, amen, ich sage euch: Wenn jemand an meinem Wort festhält, wird er auf ewig den Tod nicht schauen."
Joh 8,51

BESINNUNG

Wir sind anfällig für die Verlockungen dieser Welt, die Verlockungen der Habgier und der Fleischeslust, der Gewaltanwendung und der Rache, des Hasses und der Vernichtung. Wir sind nicht gefeit gegen die Macht der vier großen Tiere, von denen Daniel in einer Vision spricht (vgl. Dan 7,3-28).

Deshalb müssen wir einander helfen, Herz und Geist immer auf den Menschensohn auszurichten, damit wir ihn erkennen, wenn er kommt, und wir frei und zuversichtlich vor ihn hintreten können (vgl. Lk 21,36). Wir müssen uns selbst und einander immer am Anker seiner Worte festhalten, denn „Himmel und Erde werden vergehen, aber meine Worte werden nicht vergehen" (Lk 21,33). Auf diesem ewigen Wort, das Fleisch geworden ist und unter uns gewohnt hat, beruht unsere Hoffnung.

Wir sind dazu berufen, Jesu Schüler zu sein ... Worauf es ankommt, ist, der Stimme von Gottes Liebe immer aufmerksam zu lauschen – der Stimme, die uns einlädt zu gehorchen, das heißt: Gott großmütig

Gehör zu schenken. Doch wie können wir auf diese Stimme hören in einer Welt, die alles unternimmt, um unsere Aufmerksamkeit auf scheinbar dringendere Dinge zu lenken?

Hören wir vor allem auf die Kirche. Ich weiß, daß dies ein unpopulärer Rat ist – in einer Zeit, in der die Kirche oft einem wahren Sturm der Kritik ausgesetzt ist und viele die Kirche mehr als „Hindernis" auf dem Weg als „den Weg" zu Jesus empfinden. Und doch bin ich fest davon überzeugt, daß die größte geistliche Gefahr für unsere Zeit in der Trennung von Jesus und der Kirche liegt. Die Kirche ist der Leib des Herrn. Ohne Jesus Christus kann es keine Kirche geben, und ohne die Kirche können wir nicht mit Christus verbunden bleiben. Ich bin noch nie jemandem begegnet, der näher zu Jesus fand, indem er die Kirche verlassen hat. Auf die Kirche hören heißt auf den Herrn der Kirche hören.

Konkret bedeutet dies, am liturgischen Leben der Kirche teilzunehmen. Die Feier der Feste und Zeiten trägt dazu bei, Jesus immer besser kennenzulernen, und verbindet uns auch immer enger mit dem göttlichen Leben, das er uns in der Kirche anbietet.

Die Eucharistiefeier ist das Herz des Lebens der Kirche. Dort hören wir das Evangelium, das Leben spendet, und dort empfangen wir die Gaben, die uns am Leben halten.

GEBET

O Gott, ohne Glauben ist es unmöglich,
dir zu gefallen.
Denn wer zu dir kommen will,
muß glauben, daß du bist
und daß du denen, die dich suchen,
ihren Lohn geben wirst.

Vgl. Hebr 11,6

Freitag
der fünften Fastenwoche

WORT GOTTES

„Viele gute Werke habe ich im Auftrag des Vaters vor euren Augen getan. Für welches dieser Werke wollt ihr mich steinigen?“ Joh 10,32

BESINNUNG

Wenn Jesus die vielen Menschen sah, müde und erschöpft wie Schafe, die keinen Hirten haben, dann ergriff es ihn in seinem Innern (Mt 9,36). Wenn er die Blinden, die Gelähmten und die Gehörlosen erblickte, die man ihm von überall her brachte, erbebte er in seinem Innern und spürte ihre Qualen in seinem eigenen Herzen (Mt 14,14). Als er bemerkte, daß die Tausenden, die seit Tagen hinter ihm hergezogen waren, erschöpft und hungrig waren, sagte er: „Mich ergreift Mitleid mit diesen Menschen“ (Mk 8,2).

Dasselbe gilt für die beiden Blinden, die hinter ihm herriefen (Mt 9,27), den Aussätzigen, der vor ihm niederfiel (Mk 1,41), und die Witwe von Nain, die ihren einzigen Sohn zu Grabe trug (Lk 7,13). Sie rührten ihn, sie ließen ihn mit seinem innersten Gespür die Tiefe ihres Leides erfahren. Er ging denen nach, die sich verlaufen hatten, hungerte mit den Hungernden und erkrankte mit den Kranken. Alles Leid erfuhr er in sich mit einer uneingeschränkten Aufnahmebereitschaft. Darin offenbart sich uns ein großes Geheimnis: Jesus, der Gottes sündeloser Sohn ist, hat es aus völlig freien Stücken vorgezogen, unsere Schmerzen ganz auf sich zu nehmen und uns so das wahre Wesen unserer Leiden erkennen zu lassen. In ihm sehen und erleben wir die Menschen, die wir wirklich sind. Er, der göttlich ist, lebt unser heilloses Menschsein nicht als einen Fluch (Gen 3,14-19), sondern als Segen. Sein göttliches Mitleiden ermöglicht es uns, uns in unserer Sünde anzuschauen, denn es läßt unseren elenden menschlichen Zustand, der Grund zur Verzweiflung war, zu einer Quelle der Hoffnung werden.

Alles, was Jesus getan, gesagt und erlitten hat, dient dazu, uns *eines* deutlich zu machen: daß uns die Liebe, nach der wir uns am stärksten sehnen, nicht deshalb von Gott geschenkt wird, weil wir sie verdient haben, sondern weil Gott ein Gott der Liebe ist.

Jesus ist zu uns gekommen, um diese göttliche Liebe sichtbar zu machen und sie uns anzubieten. Im Gespräch mit Nikodemus sagt er: „So sehr hat Gott die Welt geliebt, daß er seinen einzigen Sohn hingab ... Gott hat seinen Sohn nicht in die Welt gesandt, damit er die Welt richtet, sondern damit die Welt durch ihn gerettet wird“ (Joh 3,15f). In diesen Worten ist der Sinn der Menschwerdung zusammengefaßt. Gott ist Mensch, das heißt ein Gott-mit-uns geworden, damit wir erkennen, daß das angstvolle Bemühen um Anerkennung und die Gewalt unter den Menschen aus mangelndem Glauben an die Liebe Gottes entstehen. Wenn wir fest daran glauben würden, daß Gott uns bedingungslos liebt, wäre es nicht mehr nötig, immer wieder nach Wegen zu suchen, um von den Menschen bewundert zu werden. Ebensowenig wäre der Versuch nötig, sich mit Gewalt von den Menschen zu holen, was Gott uns im Überfluß geben will.

GEBET

Herr Jesus Christus, du hast für uns gelitten
und uns ein Beispiel gegeben,
damit wir deinen Spuren folgen.
In deinem Mund war kein trügerisches Wort,
du wurdest geschmäht,
schmähtest aber nicht wider.
Du littest, drohtest aber nicht,
sondern überließest deine Sache
dem gerechten Richter.
Du trugst unsere Sünden
mit deinem Leib auf das Holz des Kreuzes,
damit wir tot seien für die Sünden
und für die Gerechtigkeit leben.
Durch deine Wunden sind wir geheilt.

Vgl. 1 Petr 2,21-24

Samstag

der fünften Fastenwoche

WORT GOTTES

„So spricht Gott der Herr: Ich schließe mit ihnen einen Friedensbund; es soll ein ewiger Bund sein ... Ich werde ihr Gott sein, und sie werden mein Volk sein."

Ez 37,26.27

BESINNUNG

Gott läßt sich nicht vom menschlichen Geist erfassen. Die Wahrheit entzieht sich menschlicher Fassungskraft. Der einzige Weg, ihr näher zu kommen, besteht darin, uns ständig vor Augen zu halten, daß unser Fassungsvermögen so begrenzt ist, daß es die Wahrheit nicht „besitzen" oder „festhalten" kann. Wir können weder Gott noch seine Gegenwart in der Geschichte erklären. Sobald wir Gott mit einem ganz bestimmten Ereignis oder einer bestimmten Situation identifizieren, spielen wir Gott und entstellen die Wahrheit. Wir können nur treu zu unserer Überzeugung stehen, daß Gott uns nicht verlassen hat, sondern daß sein Ruf an uns mitten in all den unerklärlichen Widersinnigkeiten unseres Lebens ergeht.

Es ist sehr wichtig, sich dessen tief bewußt zu werden. Sonst besteht die heimtückische Versuchung, sich selbst oder anderen einzureden, daß Gott an bestimmten Orten handelt und an anderen nicht, daß er da und da anwesend ist und da und da nicht; doch niemand, kein Christ, kein Priester, kein Mönch, kennt Gott auf eine ganz „spezielle" Weise. Gott läßt sich nicht durch irgendeinen menschlichen Begriff oder eine Voraussage einschränken. Er ist größer als unser Verstand und als unser Herz, und er ist vollkommen frei, sich selbst zu offenbaren, wo und wann er will.

Wir mögen unsere Augen schließen, so fest wir können, und wir mögen unsere Hände so fest wie möglich falten: Gott spricht nur, wenn er sprechen möchte. Wenn wir das einsehen, wird es geradezu lachhaft, Gott bedrängen, nötigen und herbeizerren zu wollen. Manchmal verhalten wir uns wie ein Kind, das seine Augen schließt und dabei denkt, es könne auf diese Weise die Welt zum Verschwinden bringen.

Nachdem wir alles getan haben, um Gott etwas Raum zu schaffen, ist es dennoch Gott, der auf seine eigene Initiative hin kommt. Aber wir haben ein Versprechen, auf das wir unsere Hoffnung gründen können: daß er uns seine Liebe schenkt. So kann unser Leben mit Fug und Recht ein Warten in der Hoffnung sein, aber ein geduldiges Warten – und mit einem Lächeln. Dann werden wir tatsächlich überrascht und voll Freude und Dankbarkeit sein, wenn er kommt.

GEBET

O Gott, wir sind die Söhne des Bundes,
den du mit unseren Vätern geschlossen hast,
als du zu Abraham sprachst:
In dir sollen alle Geschlechter der Erde gesegnet werden.
Du hast uns deinen Knecht Jesus erstehen lassen
und hast ihn uns gesandt, daß er uns segne.

Vgl. Apg 3,25.26

Palmsonntag

WORT GOTTES

„Die Jünger gingen und taten, was Jesus ihnen aufgetragen hatte. Sie brachten die Eselin und das Fohlen, legten ihre Kleider auf sie, und er setzte sich darauf. Viele Menschen breiteten ihre Kleider auf der Straße aus, andere schnitten Zweige von den Bäumen und streuten sie auf den Weg. Die Leute aber, ... die ihm folgten, riefen: Hosanna dem Sohn Davids! Gesegnet sei er, der kommt im Namen des Herrn!"

Mt 21,6-9

BESINNUNG

Der *Christus auf einem Esel* im Freiburger Augustinermuseum ist eine der ergreifendsten Christusfiguren, die ich kenne ... Ich habe lange vor diesem *Christus auf dem Palmesel* verweilt. Es ist eine Holzplastik aus dem vierzehnten Jahrhundert, die aus Niederrotweil, einem kleinen Ort bei Breisach am Rhein, stammt. Sie wurde ursprünglich auf einem Wagen in der Palmsonntags-Prozession mitgeführt.

Christi längliches, schmales Gesicht mit hoher Stirn, nach innen gewandtem Blick, langem Haar und einem kleinen, geteilten Bart bringt das Geheimnis seines Leidens auf eine Weise zum Ausdruck, die mich in ihren Bann zieht. Wie er so nach Jerusalem hineinreitet, von Menschen umringt, die „Hosanna" rufen und „Zweige von den Bäumen schneiden und sie auf den Weg streuen" (Mt 21,8), scheint Jesus sich ganz auf etwas anderes zu konzentrieren. Er beachtet die aufgeregte Menge nicht. Er winkt ihr nicht zu. Er sieht schon jenseits allen lauten Treibens, was vor ihm liegt: den bitteren Weg durch Verrat, Folter, Kreuzigung und Tod. Sein gedankenversunkener Blick erkennt, was niemand aus seiner Umgebung sehen kann; seine hohe Stirn läßt ein Wissen um Zukünftiges ahnen, das alles Begreifen übersteigt.

Man spürt die Schwermut, aber auch ruhige Ergebenheit, das Wissen um die Unbeständigkeit des Menschenherzens, aber auch abgrundtiefes Mitleid, die tiefe Ahnung der unsäglichen Qual, die ihm bevorstand, aber auch die feste Entschlossenheit, Gottes Willen zu erfüllen. Man spürt vor allem die Liebe, eine unendliche, tiefe und allumfassende Liebe, die einer unverbrüchlich liebenden Gottverbundenheit entstammt und allen Menschen gilt, wo immer sie sind, waren und sein werden. Es gibt nichts, was er nicht ganz genau weiß. Es gibt niemand, dem er nicht mit seiner ganzen Liebe zugetan ist.

Mir wird beim Betrachten neu bewußt, daß er mich auch sieht mit all meinen Sünden, meiner ganzen Schuld und Schande, und daß er mich von ganzem Herzen liebt, mir gnädig ist und sich meiner erbarmt. Bei ihm zu verweilen ist schon Gebet. Ich schaue und schaue und schaue, und ich weiß, daß sein Blick in die Tiefen meines Herzens dringt; ich brauche keine Angst zu haben.

Freude und Traurigkeit kommen stets gemeinsam zur Welt. Beide steigen aus so tiefen Gründen unseres Herzens auf, daß uns die Worte fehlen, um unseren gemischten Empfindungen einen angemessenen Ausdruck zu verleihen.

Aber diese innerste Erfahrung, daß an ein jedes Stück Leben ein Stück Sterben geknüpft ist, kann unsere Blicke auf einen Punkt jenseits der Grenzen unseres Daseins lenken. Sie kann es, indem sie in uns die Erwartung des Tages weckt, an dem unsere Herzen mit vollkommener Freude erfüllt werden, mit einer Freude, die uns niemand mehr nehmen wird.

GEBET

Allmächtiger, ewiger Gott,
am heutigen Tag huldigen wir Christus
in seinem Sieg.
Mit Lobgesängen begleiten wir ihn in seine heilige Stadt;
gib, daß wir durch ihn zum himmlischen Jerusalem gelangen,
der mit dir lebt und herrscht in alle Ewigkeit.

Aus den Gebeten zur Palmweihe

Montag
der Karwoche

WORT GOTTES

„Die Armen habt ihr immer bei euch, mich aber habt ihr nicht immer bei euch."
Joh 12,8

BESINNUNG

Sich für die Kleinen unter den Menschen zu entscheiden, die kleinen Freuden, die kleinen Schmerzen, und darauf zu vertrauen, daß Gott uns zur Seite stehen wird – das ist der schwere Weg Jesu ... Etwas in mir ist immer darauf bedacht, aus der Handlungsweise Jesu etwas zu machen, das in den Augen der Welt Anerkennung findet. Ich möchte immer, daß der kleine Weg zum großen Weg wird. Aber wenn Jesus den Stätten zustrebt, von denen die Welt abrücken möchte, kann man daraus keine Erfolgsgeschichte machen.

Jedesmal wenn wir meinen, bei der Armut angelangt zu sein, werden wir dahinter noch größere Armut entdecken. Es gibt wirklich kein Zurück mehr zu Reichtum, Wohlstand, Erfolg, Applaus und Siegeslorbeer. Jenseits der materiellen Armut liegt die geistige Armut, jenseits der geistigen Armut liegt die geistliche Armut, und dahinter liegt nichts mehr außer dem sich wehrlos ausliefernden Vertrauen darauf, daß Gott Erbarmen ist.

Das ist kein Weg, den wir allein gehen können. Nur mit Jesus können wir dorthin gehen, wo es einzig und allein Erbarmen gibt. Von dieser Stätte aus hat Jesus geschrien: „Mein Gott, mein Gott, warum hast du mich verlassen?" Von dieser Stätte aus ist Jesus auch zum neuen Leben auferweckt worden.

Den Weg Jesu kann man nur mit Jesus gehen. Wenn ich es allein versuche, wird daraus ein Gegenheldentum, das ebenso Glückssache ist wie Heldentum sonst auch. Nur Jesus, der Sohn Gottes, kann an die Stätte des absoluten Ausgeliefertseins und Erbarmens gehen. Er warnt uns davor, allein loszuziehen: „Getrennt von mir könnt ihr nichts vollbringen." Aber er verheißt auch: „Wer in mir bleibt, und in wem ich bleibe, der bringt reiche Frucht" (Joh 15,5).

Ich sehe jetzt wirklich ein, warum Tätigkeit ohne Gebet so unfruchtbar ist. Einzig im Gebet und durch das Gebet können wir uns eng mit Jesus verbinden und die Kraft finden, uns ihm auf seinem Weg anzuschließen.

Man kann nie die Ansicht vertreten, Gebet und Tat seien Gegensätze oder schlössen sich gegenseitig aus. Gebet ohne Tat wird zu kraftlosem Pietismus, und Tat ohne Gebet entartet zu fragwürdiger Manipulation. Wenn das Gebet uns zu tieferer Einheit mit dem mitleidenden Christus führt, wird es immer konkrete Dienste nach sich ziehen. Und wenn konkrete Dienste uns wirklich enger mit den Armen, den Hungernden, den Kranken, den Sterbenden und den Unterdrückten solidarisieren, werden sie immer ins Gebet einmünden. Betend begegnen wir Christus und in ihm allem menschlichen Leid. Dienend begegnen wir den Menschen und in ihnen dem leidenden Christus.

Taten der Liebe für die Leidenden und mit ihnen sind der konkrete Ausdruck eines Lebens im geteilten Leid und das ausschlaggebende Kriterium für gelebtes

Christentum. Solche Taten stehen nicht für sich neben den Augenblicken des Gebets und des Gottesdienstes, sondern sind selbst solche Augenblicke. Warum? Weil man dort, wo hungernde, dürstende, entwurzelte, nackte, kranke und eingekerkerte Menschen sind, Jesus Christus finden kann, der nicht daran festhielt, wie Gott zu sein, sondern den Menschen gleich wurde. Gerade wenn wir uns ständig im Gespräch mit Christus befinden und seinem Geist in unserem Leben die Führung überlassen, werden wir ihn in den Armen, den Geknechteten und den Mißhandelten erkennen und seinen Hilferuf hören und hineilen, wo immer er sich zeigt ...

So wird Gottesdienst zum Dienst am Nächsten und Dienst am Nächsten zum Gottesdienst, und alles, was wir sagen oder tun, erbitten oder geben, dient der Verwirklichung des Lebens, in dem Gottes Mitleiden sich offenbaren kann.

GEBET

Steh auf, Jahwe!
Gott, hebe deine Hand,
vergiß den Elenden nicht. –
Du siehst!
Du weißt um Jammer und Not,
du nimmst alles in deine Hand.
Die Sehnsucht der Armen hast du vernommen, Jahwe;
du stärkst ihre Herzen,
du wendest zu ihnen dein Ohr.

Vgl. Ps 10

Dienstag
der Karwoche

WORT GOTTES

„In jener Zeit, als Jesus mit seinen Jüngern bei Tische war, wurde er im Innersten erschüttert und bekräftigte: Amen, amen, das sage ich euch: Einer von euch wird mich verraten." Joh 13,21

BESINNUNG

Jesus hat, als er mit seinen Jüngern bei Tisch war, gesagt: „Einer von euch wird mich verraten" (Joh 13,21). Wenn ich Jesu Worte in ihrer griechischen Fassung genauer betrachte, würde man besser übersetzen: „Einer von euch wird mich ausliefern." Das Wort *paradídomi* bedeutet „übergeben, aushändigen, hingeben".

Es ist ein wichtiges Wort und drückt nicht nur aus, was Judas getan hat, sondern auch, was Gott getan hat. Paulus schreibt: „Er hat seinen eigenen Sohn nicht verschont, sondern ihn für uns alle hingegeben" (Röm 8,32).

Wenn wir das, was Judas tut, auf ihn bezogen, mit „verraten" wiedergeben, werden wir dem Heilsgeheimnis nicht ganz gerecht, denn Judas wird hier als Werkzeug im Dienste Gottes dargestellt. Deshalb hat Jesus auch gesagt: „Der Menschensohn muß zwar seinen Weg gehen, wie die Schrift über ihn sagt. Doch weh dem Menschen, durch den der Menschensohn verraten (ausgeliefert) wird" (Mt 26,24).

Dieser Augenblick, da Jesus denen ausgeliefert wird,

die mit ihm ihre Willkür treiben, ist ein Wendepunkt in Jesu öffentlichem Auftreten. Es ist die Wende vom Tun zum Leiden. Nach jahrelanger Lehr-, Predigt- und Heiltätigkeit und Bewegungsfreiheit wird Jesus der unberechenbaren Willkür seiner Feinde ausgeliefert. Jetzt *tut* er nichts mehr, sondern ihm *wird* etwas *angetan.* Er wird gegeißelt, mit Dornen gekrönt, angespien, verhöhnt, seiner Kleider beraubt und nackt ans Kreuz genagelt. Er ist passiv, ist Opfer, ist Gegenstand der Aktion, des Tuns anderer. Mit dem Augenblick seiner Auslieferung beginnt seine Passion, und durch seine Passion vollbringt er, wozu er berufen ist.

Für mich ist es eine wichtige Erkenntnis, daß Jesus seine Sendung nicht durch sein Tun erfüllt, sondern durch das, was man ihm antut. Ganz wie bei anderen auch, entscheidet über den größten Teil meines Lebens, was man mir antut, und ist mein Leben somit Passion. Und da der größte Teil meines Lebens Passion ist, aus dem zusammengesetzt, was man mir antut, ist das, was ich denke, sage oder tue, nur in geringem Ausmaß entscheidend für mein Leben. Das ist nicht nach meinem Geschmack, und ich möchte lieber ganz Aktion sein, die auf meine eigene Initiative zurückgeht. Aber es ist wirklich so, daß das Erleiden in meinem Leben einen viel breiteren Raum einnimmt als das Tun. Das nicht wahrhaben zu wollen ist Selbstbetrug, und mein Erleiden nicht liebend hinnehmen zu wollen ist ein Nein zu mir selbst.

Zu erfahren, daß Jesus dem Leiden ausgeliefert wird und durch sein Leiden seinen göttlichen Auftrag auf Erden erfüllt, ist eine gute Nachricht, eine gute Nachricht für eine Welt, die leidenschaftlich danach verlangt, heil zu sein.

Jesu Worte an Petrus machen mir bewußt, daß Jesu Übergang vom Tun zum Leiden auch der unsere sein muß, wenn wir ihm auf seinem Weg folgen wollen. Er sagt: „Als du noch jung warst, hast du dich selbst gegürtet und konntest gehen, wohin du wolltest. Wenn du aber alt geworden bist, wirst du deine Hände ausstrecken, und ein anderer wird dich gürten und dich führen, wohin du nicht willst“ (Joh 21,18). – Auch ich muß mich „ausliefern“ lassen und so vollbringen, wozu ich berufen bin.

GEBET

Wenn du, o Gott, für uns bist,
wer ist dann wider uns?
Wirst nicht du, der du deines eigenen Sohnes
nicht geschont hast, sondern ihn
für uns alle dahingegeben hast,
uns mit ihm nicht auch alles andere schenken?
Christus Jesus, dein Sohn, der gestorben,
nein, der auferweckt ist,
der nun zu deiner Rechten sitzt,
er ist es, der auch für uns eintritt.

Vgl. Röm 8,31-32.34

Mittwoch
der Karwoche

WORT GOTTES

„Geht in die Stadt zu dem und dem und sagt zu ihm: Der Meister läßt dir sagen: Meine Zeit ist da; bei dir will ich mit meinen Jüngern das Paschamahl feiern. Die Jünger taten, was Jesus ihnen aufgetragen hatte, und bereiteten das Paschamahl vor.“ Mt 26,18f

BESINNUNG

Herr, wohin könnte ich gehen, um die Liebe zu finden, nach der ich mich sehne, wenn nicht zu dir? Wie kann ich von Menschen, die ebensosehr Sünder sind wie ich, eine Liebe erwarten, die mich bis in die geheimsten Winkel meines Wesens erreichen kann? Wer kann mich rein waschen wie du, mir zu essen und zu trinken geben wie du? Wer möchte, daß ich ihm so nahe sei, so vertraut und geborgen, wie du es willst?

Herr, deine Liebe ist keine unnahbare Liebe, die es bei Worten und Gedanken bewenden läßt. Nein, Herr, deine Liebe kommt aus deinem menschlichen Herzen. Sie ist in Wahrheit eine herz-liche Liebe, die in deinem ganzen Sein zum Ausdruck kommt. Du sprichts, du siehst, du berührst, du gibst mir zu essen. Ja du machst deine Liebe zu einer Liebe, die alle meine leiblichen Sinne ergreift und mich hält, wie eine Mutter ihr Kind hält, mich umarmt, wie ein Vater seinen Sohn umarmt, und mich berührt, wie ein Bruder seine Geschwister berührt.

Herr Jesus, ich schaue dich an und halte meinen Blick fest auf deine Augen gerichtet. Der Blick deiner Augen durchdringt das ewige Geheimnis der Gottheit und schaut Gottes Herrlichkeit. Deine Augen sind es auch, die Simon, Andreas, Natanael und Levi gesehen haben, sind die Augen, die auf der blutflüssigen Frau, der Witwe von Nain, den Blinden, den Lahmen, den Aussätzigen und der hungrigen Menschenmenge geruht haben, die Augen, die den betrübten, vornehmen Reichen, die angsterfüllten Jünger auf dem See und die leiderfüllten Frauen am Grab angeschaut haben. Deine Augen, Herr, schauen in einem einzigen Blick die unerschöpfliche Liebe Gottes und die anscheinend endlose Qual aller Menschen, die den Glauben an diese Liebe verloren haben und wie Schafe ohne Hirten sind.

Wenn ich dir so in die Augen schaue, erschrecken sie mich mit ihrem Blick, denn sie durchdringen mein Innerstes wie Feuerflammen; aber sie trösten mich auch, denn Flammen läutern und heilen. Der Blick deiner Augen ist so streng und doch so sanft, so entlarvend und doch so bergend, so durchdringend und doch so zärtlich, so tief und doch so vertraut, so distanziert und doch so einladend.

Langsam wird mir deutlich, daß ich von dir gesehen werden möchte, daß ich unter deinem liebevollen Blick verweilen und zusehends an Festigkeit und Güte gewinnen möchte. Herr, laß mich sehen, was du siehst – die Liebe Gottes und das Leid der Menschen –, auf daß meine Augen immer mehr so werden wie deine, Augen, die wunde Herzen heilen können.

GEBET

Mein Herr, dein Apostel Petrus wollte wissen, wer dich verraten würde. Du deutetest auf Judas, aber etwas später auch auf ihn. Judas hat dich verraten, Petrus hat dich verleugnet. Judas erhängte sich, Petrus wurde der Apostel, den du zum Ersten unter seinesgleichen machtest.

Herr, gib mir Glauben, Glauben an deine unendliche Barmherzigkeit, deine grenzenlose Vergebung, deine unergründliche Güte. Laß mich nicht versucht werden zu denken, daß meine Sünden zu groß sind, um Verzeihung zu finden, zu abscheulich, um nicht von deiner Barmherzigkeit eingeholt zu werden. Laß mich dir niemals davonlaufen, sondern immer und immer wieder zu dir zurückkehren und dich bitten, mein Herr, mein Hirte, meine Stärke und meine Zuflucht zu sein. Birg mich unter deinem Flügel, Herr, und laß mich erfahren, daß du mich nicht zurückstößt, solange ich nicht nachlasse, deine Verzeihung zu erflehen. Vielleicht nehme ich mich zu wichtig, zu bedeutend, wenn ich meine, daß ich deiner Umarmung nicht mehr würdig sei.

Herr, schau auf mich, nimm mein Gebet an, wie du das Gebet des Petrus angenommen hast, und laß mich nicht wie Judas bei Nacht von dir weglaufen.

Segne mich, Herr, in dieser Karwoche, und gib mir die Gnade, deiner liebenden Gegenwart tiefer innezuwerden. Amen.

Gründonnerstag

WORT GOTTES

„Jesus ... legte sein Gewand ab ... und begann, den Jüngern die Füße zu waschen und mit dem Leinentuch abzutrocknen, mit dem er umgürtet war ... (Dann) sagte er zu ihnen: ... Ich habe euch ein Beispiel gegeben, damit auch ihr so handelt, wie ich an euch gehandelt habe."

Joh 13,4f.15

BESINNUNG

Unmittelbar bevor Jesus sich auf seinen Leidensweg begab, hat er seinen Jüngern die Füße gewaschen und ihnen seinen Leib und sein Blut als Speise und Trank gereicht. Beide Akte gehören zusammen, beide bekunden sie Gottes Entschlossenheit, uns die ganze Fülle seiner Liebe zu zeigen. Deshalb leitet Johannes auch seinen Bericht über die Fußwaschung an den Jüngern mit den Worten ein: „Da Jesus die Seinen, die in der Welt waren, liebte, erwies er ihnen seine Liebe bis zur Vollendung" (Joh 13,1).

Noch erstaunlicher ist, daß Jesus uns beidemal aufträgt, dasselbe zu tun. Nach der Fußwaschung an den Jüngern sagt Jesus: „Ich habe euch ein Beispiel gegeben, damit auch ihr so handelt, wie ich an euch gehandelt habe" (Joh 13,15). Und nachdem er sich als Speise und Trank gereicht hat, sagt er: „Tut dies zu meinem Gedächtnis!" (Lk 22,19). Jesus beruft uns dazu, seinen Auftrag, in dieser Welt Gottes vollendete Liebe zu offenbaren, weiterzuführen. Er beruft uns zur völligen Selbsthingabe. Er will nicht, daß wir etwas für uns zurückbehalten. Er will vielmehr, daß unsere Liebe so total, so radikal und so vollendet ist wie die seine. Er will, daß wir uns bis zum Boden niederbeugen und aneinander die Stellen berühren, die am meisten der Waschung bedürfen. Er will auch, daß wir zueinander sagen: „Iß von mir und trink von mir." Er will, daß wir durch diese komplette gegenseitige Speisung ein Leib und ein Geist werden, miteinander vereint durch Gottes Liebe.

Ich schaue auf dich, Herr. Du hast so viele Worte der Liebe gesagt, dein Herz hat so klar gesprochen. Jetzt willst du mir noch deutlicher zeigen, wie sehr du mich liebst. Da du weißt, daß der Vater dir alles in die Hand gegeben hat, daß du von Gott gekommen bist und zu Gott zurückkehrst, legst du dein Gewand ab, umgürtest dich mit einem Leinentuch, gießt Wasser in ein Becken und beginnst, meine Füße zu waschen und mit dem Leinentuch abzutrocknen, mit dem du umgürtest bist ...

Aber du schaust mich mit unendlicher Zärtlichkeit an und sagst: „Ich will dich bei mir haben. Ich will dich voll und ganz an meinem Leben teilnehmen lassen. Ich will, daß du mir so gehörst, wie ich meinem Vater gehöre. Ich will dich vollkommen rein waschen, so daß wir beide, du und ich, eins seien, und daß du anderen tun kannst, was ich dir getan habe."

Und wieder schau' ich auf dich, Herr. Du stehst auf und lädst mich zu Tisch. Während wir essen, nimmst du Brot, sprichst den Segen, brichst das Brot und gibst es mir. „Nimm und iß", sagst du, „dies ist mein Leib, der für dich hingegeben wird." Dann nimmst du den Becher, und nach der Danksagung reichst du ihn mir und sagst: „Dies ist mein Blut, das Blut des Neuen Bundes, das für dich vergossen wird." Da du weißt, daß deine Stunde gekommen ist, um aus dieser Welt zum Vater hinüberzugehen, und da du mich liebst, so liebst du mich jetzt bis zur Vollendung. Du gibst mir alles, was du hast und bist. Du verströmst dein eigenes Ich für mich. Du wäschst meine Füße und gibst mir dann dein eigenes Fleisch und Blut zur Speise und zum Trank.

O Herr, wohin könnte ich gehen, um die Liebe zu finden, nach der ich mich sehne, wenn nicht zu dir?

Jedesmal, wenn wir Eucharistie feiern, wenn wir Brot und Wein, den Leib und das Blut Jesu empfangen, werden das Leiden und der Tod Jesu zu einem Leiden und einem Tod für uns persönlich; ebenso wird Gottes Mit-Leiden zu einem Mit-Leiden mit uns selbst. Wir werden gleichsam in Jesus „einverleibt"; wir werden Teil seines „Leibes" und in einer Weise größten Mit-Leidens aus unserer tiefsten Einsamkeit befreit. Durch die Eucharistie werden wir in ganz inniger Weise mehr und mehr Jesus zugehörig, ihm, der für uns gelitten hat, der für uns gestorben und auferstanden ist, so daß wir mit ihm leiden, sterben und auferstehen können.

GEBET

Allmächtiger, ewiger Gott,
am Abend vor seinem Leiden
hat dein geliebter Sohn der Kirche
das Opfer des Neuen und ewigen Bundes anvertraut
und das Gastmahl seiner Liebe gestiftet.
Gib, daß wir aus diesem Geheimnis
die Fülle des Lebens und der Liebe empfangen.
Darum bitten wir durch Jesus Christus.

Tagesgebet

Karfreitag

WORT GOTTES

„Als Jesus von dem Essig genommen hatte, sprach er: Es ist vollbracht. Und er neigte das Haupt und gab seinen Geist auf ... Einer der Soldaten stieß mit der Lanze in seine Seite, und sogleich floß Blut und Wasser heraus ... Denn das ist geschehen, damit sich das Schriftwort erfüllte: Sie werden auf den blicken, den sie durchbohrt haben." Joh 19,30.34.37

BESINNUNG

Karfreitag: Tag des Kreuzes, Tag der Qual, Tag der Hoffnung, Tag der Verlassenheit, Tag des Sieges, Tag der Trauer, Tag der Freude, Tag des Endes, Tag des Neubeginns.

Während der Liturgie (in der Arche-Gemeinschaft von Trosly) haben Père Thomas und Père Gilbert das große Kreuz hinter dem Altar von der Wand genommen und so hingehalten, daß die ganze Gemeinde herantreten und den toten Leib Christi küssen konnte.

Sie sind alle gekommen, über vierhundert Menschen – geistig Behinderte, ihre Betreuer und Freunde. Sie alle schienen genau zu wissen, was sie taten: Liebe und Dankbarkeit ihm gegenüber bekunden, der sein Leben für sie hingegeben hat. Als sie sich um das Kreuz scharten und die Füße und das Haupt Jesu küßten, habe ich die Augen geschlossen und konnte so seinen heiligen Leib auf unserem Planeten Erde ausgestreckt und gekreuzigt sehen. Ich habe das maßlose Leid der Menschheit aller Jahrhunderte gesehen: Menschen, die einander morden; Menschen, die an Hunger und Seuchen sterben; Menschen, die vertrieben werden; Menschen, die auf den Großstadtstraßen nächtigen, die sich verzweifelt aneinander klammern; Menschen, die gegeißelt, gefoltert, verbrannt und verstümmelt werden; Menschen, die sich auf verschlossenen Etagen, in Kerkern, in Zwangsarbeitslagern verlassen fühlen; Menschen, die sich nach einem lieben Wort, einem freundlichen Brief, einer tröstenden Umarmung sehnen, Menschen, die alle in Angst und Verzweiflung schreien: „Mein Gott, mein Gott, warum hast du uns verlassen?"

Bei der Vorstellung des nackten, zerfleischten, auf unserem Erdball ausgestreckten Leibes Christi hat mich Entsetzen gepackt. Aber als ich die Augen öffnete, sah ich Jacques mit seinem vom Schmerz gezeichneten Gesicht den Korpus mit Inbrunst küssen, Tränen in den Augen. Ich sah Ivan, von Michael auf dem Rücken herangetragen. Ich sah Edith in ihrem Rollstuhl kommen. Als sie kamen – aufrechten Ganges oder hinkend, sehend oder blind, hörend oder taub –, habe ich den endlosen Zug der Menschen gesehen, die sich um Jesu heiligen Leib scharten, ihn mit ihren Tränen und Küssen bedeckten und langsam wieder weiterzogen, gestärkt und getröstet von einer so großen Liebe. Vor meinem inneren Auge sah ich riesige Scharen von Menschen, die in leidvolle Vereinzelung geraten waren und nun gemeinsam vom Kreuz her kamen, miteinander verbunden durch die Liebe, die sie mit eigenen Augen gesehen und mit ihrem Kuß berührt hatten. Das Kreuz des Entsetzens wurde zum Kreuz der Hoffnung, der gefolterte Leib zum Leib, der neues Leben spendet; die klaffenden Wunden wurden zum Quell der Vergebung, der Heilung und der Aussöhnung.

GEBET

Herr, was kann ich dir heute sagen? Gibt es irgendein Wort, das aus meinem Mund kommen könnte? Du bist für mich gestorben, du hast alles für meine Sünden hingegeben, du bist für mich nicht nur Mensch geworden, sondern du hast den grausamsten Tod für mich erlitten. Gibt es dafür irgendeine Gegengabe?

Ich wünschte, ich könnte eine angemessene Antwort finden, aber wenn ich dein heiliges Leiden und Sterben betrachte, kann ich nur in Demut bekennen, daß jegliche Antwort angesichts der Unermeßlichkeit deiner göttlichen Liebe völlig versagt. Laß mich einfach dastehen und auf dich schauen.

Dein Leib ist gebrochen, dein Haupt verwundet, deine Hände und Füße sind von Nägeln zerrissen, deine Seite ist durchbohrt. Dein Leichnam ruht nun in den Armen deiner Mutter. Jetzt ist alles vorüber. Es ist zu Ende. Es ist vollbracht. Es ist erfüllt. Lieber und gütiger Herr, großmütiger und verzeihender Herr, ich bete dich an, ich preise dich, ich danke dir. Durch dein Leiden und Sterben hast du alles neu gemacht. Dein Kreuz ist in dieser Welt als neues Zeichen der Hoffnung aufgerichtet worden.

Laß mich immer unter deinem Kreuz leben, o Herr, und die Hoffnung auf dein heiliges Kreuz unaufhörlich verkünden. Amen.

Karsamstag

WORT GOTTES

„Wißt ihr denn nicht, daß wir alle, die wir auf Christus Jesus getauft wurden, auf seinen Tod getauft worden sind? Wir wurden mit ihm begraben durch die Taufe auf den Tod ... Sind wir nun mit Christus gestorben, so glauben wir, daß wir auch mit ihm leben werden."

Röm 6,3.4a.8

BESINNUNG

Wenn der Gott, der uns das Leben offenbarte und dessen einziges Verlangen ist, uns das Leben zu bringen; wenn uns dieser Gott so sehr liebte, daß er mit uns die völlige Absurdität des Todes erfahren wollte, dann – ja dann muß es eine Hoffnung geben; dann muß es etwas geben, das über den Tod hinausreicht; dann muß es eine Verheißung geben, die während unserer kurzen Existenz in dieser Welt unerfüllt bleibt; dann kann es nicht bloß die Vernichtung und das grausame Ende aller Dinge sein, wenn wir die Geliebten zurücklassen, die Blumen und Bäume, die Berge und Meere, die Schönheiten der Kunst und der Musik und all die reichen Gaben des Lebens; dann müssen wir wirklich auf den „dritten Tag" warten.

Abtötung – genauer gesagt „Absterben" – das ist, was das Leben letztlich ist: ein langsames Entdecken, daß alles Geschaffene dem Tod anheimgegeben ist. So kön-

können wir die Schönheit alles Geschaffenen nur bewundern, dürfen uns jedoch nicht an ihm festklammern, als wäre es ein dauernder Besitz. Unser Leben kann tatsächlich als ein Prozeß des Mit-dem-Tode-vertraut-Werdens angesehen werden, als eine Schule der Kunst des Sterbens. Ich möchte das nicht in krankhafter Weise verstanden wissen. Im Gegenteil, wenn wir das Leben als jederzeit vom Tode gefährdet ansehen, können wir uns an ihm um so tiefer erfreuen, da wir es als das erkennen, was es ist: ein freies Geschenk.

Die Bilder, Briefe und Bücher der Vergangenheit führen uns das Leben als ein ständiges Abschiednehmen vor Augen, ein Abschiednehmen von schönen Orten, lieben Menschen und wunderbaren Erfahrungen ... All dies geht vorüber wie freundliche Besuche und lassen uns mit schönen Erinnerungen, doch auch mit der traurigen Erkenntnis von der Kürze des Lebens zurück. In jeder Ankunft liegt ein Abschiednehmen, in jeder Vereinigung eine Trennung, in jedem Aufwachsen ein Altern, in jedem Lächeln eine Träne, in jedem Erfolg ist ein Verlust. Alles Leben ist Sterben, und jede Feier ist auch eine Abtötung.

GEBET

Jeden Tag, Herr, ruf' ich zu dir;
ich strecke nach dir meine Hände aus.
Wirst du an den Toten Wunder tun,
werden Schatten aufstehn, um dich zu preisen?
Erzählt man im Grab von deiner Huld,
von deiner Treue im Totenreich?
Werden deine Wunder in der Finsternis bekannt,
deine Gerechtigkeit im Land des Vergessens?
Herr, darum schreie ich zu dir,
früh am Morgen tritt mein Gebet vor dich hin.

Ps 88,10b-14

Ostern

WORT GOTTES

„Christus ist für unsere Sünden gestorben, gemäß der Schrift, und ist begraben worden. Er ist am dritten Tag auferweckt worden, gemäß der Schrift, und erschien dem Kephas, dann den Zwölf. Danach erschien er mehr als fünfhundert Brüdern zugleich ... Ob nun ich verkündige oder die anderen: das ist unsere Botschaft, und das ist der Glaube, den ihr angenommen habt."

1 Kor 15,3b-6a.11

BESINNUNG

Ostern. „Der Herr ist wahrhaft auferstanden!" Das haben sie auf Französisch, Deutsch, Englisch, Spanisch, Portugiesisch, Italienisch, Holländisch und Arabisch jubelnd gerufen. Dazu Glockenläuten, Hallelujasingen, frohe Gesichter, Lachen und das tiefe Empfinden, daß wir hoffen dürfen. Diese Gemeinschaft Behinderter und ihrer Betreuer hat laut hinausgerufen, daß Christi Leib nicht im Grab geblieben, sondern zu neuem Leben erweckt worden ist und daß unsere Leiber einmal an seiner Herrlichkeit teilhaben werden.

Während dieser Jubel die Kapelle erfüllt, habe ich gesehen, wie Nathan aufstand und, Philippe in den Armen, hinausging. Philippe ist schlimm verkrüppelt. Er kann nicht sprechen, auf eigenen Füßen stehen, sich ankleiden oder allein essen und ist in jedem wachen Augenblick auf Hilfe angewiesen. Er hatte auf dem Schoß eines Betreuers gelegen und fest geschlafen. Als die Feier aber lauter wurde, hat er Klagerufe auszustoßen begonnen, die sich der Not in der Tiefe seines Seins entrangen.

Als ich Philippe in Nathans Armen sah, ist mir mit einemmal aufgegangen, was wir in dieser Osternacht verkündeten. Philippes Leib ist ebenfalls für das neue Leben bestimmt, ein Auferstehungsleben. An seinem neuen Leib wird er die Male seines Leidens tragen, wie auch Jesus die Wundmale der Kreuzigung mitgenommen hat in seine Herrlichkeit. Und doch wird er keine Schmerzen mehr haben, sondern zu den Heiligen treten, die um den Altar des Lammes versammelt sind.

Doch ist die Feier der Auferstehung des Fleisches auch die Feier der täglichen Betreuung, die man der Leiblichkeit dieser Behinderten erweist. Waschen und Füttern, Rollstuhl-Schieben, Tragen, Küssen und Streicheln – das alles dient dazu, diese gemarterten Leiber auf den Anbruch des neuen Lebens vorzubereiten. Bei der Auferstehung werden nicht nur ihre Wunden, sondern auch die ihnen erwiesene Liebe sichtbar bleiben.

Das ist ein großes und gewaltiges Geheimnis. Philippes armer, verkrüppelter Leib wird eines Tages begraben und wieder zu Staub werden. Aber er wird bei der Auferstehung der Toten wieder auferstehen. Er wird mit einem neuen Leib aus dem Grab erstehen und jubelnd auf die Qual hinweisen, die er ausgestanden, und auf die Liebe, die er erfahren hat. Das wird dann nicht *irgendein* Leib sein, sondern *sein* Leib, ein neuer Leib, den man berühren kann, dem aber Qualen und Vernichtung nichts mehr anhaben können. Seine Passion ist dann vorbei. Welch ein Glaube! Welch eine Hoffnung! Welch eine Liebe!

Der Leib ist kein Kerker, dem man entrinnen müßte, sondern ein Tempel, in dem Gott schon wohnt und in dem Gottes Herrlichkeit am Tag der Auferstehung ganz offenbar werden wird.

Die Osterzeit ist eine Zeit der Hoffnung. Da ist noch Furcht, da ist noch schmerzliches Sündenbewußtsein, aber da ist auch sieghaftes Licht. Da geschieht etwas Neues, jenseits der Wechselfälle unseres Lebens. Wir können heiter oder traurig, optimistisch oder pessimistisch, ruhig oder aufgeregt sein: der mächtige Strom der Gottesnähe hat größeren Tiefgang als die kleinen Wellen unseres Geistes und Herzens. Ostern bringt die Erkenntnis, daß Gott zugegen ist, selbst wenn seine Anwesenheit nicht unmittelbar wahrgenommen wird. Ostern bringt die Frohe Botschaft, daß der Böse schon bezwungen ist, obgleich es in der Welt immer schlimmer zuzugehen scheint. An Ostern können wir versichern, daß der Herr uns auf dem Wege begleitet und uns die Schrift auslegt, wenn Gott auch noch so fern zu sein scheint und wir uns weiter mit vielen Kleinigkeiten herumschlagen. So fällt das Licht von vielen Hoffnungsstrahlen auf unseren Lebensweg.

GEBET

Allmächtiger, ewiger Gott,
am heutigen Tag
hast du durch deinen Sohn den Tod besiegt
und uns den Zugang zum ewigen Leben erschlossen.
Darum begehen wir in Freude
das Fest seiner Auferstehung.
Schaffe uns neu durch deinen Geist,
damit auch wir auferstehen
und im Licht des Lebens wandeln.
Darum bitten wir durch Jesus Christus.

Tagesgebet

Quellenverzeichnis

Die Texte dieses Bandes wurden aus folgenden Werken Henri J. M. Nouwens ausgewählt:

Das geteilte Leid (von Henri J.M. Nouwen, mit Donald P. McNeill und Douglas A. Morrison), Freiburg i. Br. 1983: 11f 13 = Mo. 2. Wo.; 21 23 24 25 28 = Mo. 5. Wo.; 26f = Fr. 5. Wo.; 27f = Mo. 4. Wo.; 31 32 = Mo. 2. Wo.; 34f = Di. 3. Wo.; 40f 44f 46f = Mi. 2. Wo.; 41f = Di. 2. Wo.; 56-58 = Fr. 4. Wo.; 147f = Sa. 1. Wo.; 150 = 2. So.; 153f 159 = Mo. d. Karwo.; 171f = Di. 3. Wo.

Der dreifache Weg, Freiburg i. Br. [4]1989: 60 97f = Mo. 1. Wo.

Feuer, das von innen brennt. Stille und Gebet, Freiburg i. Br. [7]1987: 19 20 21 22f = 4. So.; 57 59 = Di. 5. Wo.; 70f 73 = Di. 1. Wo.

Gebete aus der Stille, Freiburg i. Br. [3]1984: 13 = Di. 4. Wo.; 23 = Do. 4. Wo.; 42 = Aschermittwoch; 51 = Sa. 3. Wo.; 53f = Sa. 4. Wo.; 61f = 5. So.; 63f = Mi. d. Karwo.; 65f = Karfreitag; 68 = Ostern; 79 = Mo. 3. Wo.; 81 = Fr. 3. Wo.; 86 = Sa. 1. Wo.; 105 = Mi. 5. Wo.

Herz spricht zu Herz. Herz-Jesu-Gebete (Arbeitstitel; in Vorbereitung): Mi. d. Karwo.; Gründonnerstag.

Ich hörte auf die Stille. Sieben Monate im Trappistenkloster, Freiburg i. Br. [11]1987: 69f = Di. 4. Wo.; 119 = Sa. 5. Wo.; 128 = Sa. 5. Wo.; 160 = Fr. 3. Wo.; 165 = Fr. 4. Wo.

In ihm das Leben finden. Einübungen, Freiburg i. Br. [5]1988: 30f 33f = Do. 1. Wo.; 31 33 = Mi. 4. Wo.; 33 = Sa. n. Ascherm.; 35 36 37 = Mi. 5. Wo.; 37f = Sa. n. Ascherm.; 38f = Sa. 3. Wo.; 43 44 45 = Do. 3. Wo.; 72f 74f 76f = Do. 2. Wo.; 79 = Di. 5. Wo.; 96f = Palmsonntag.

Jesus, Sinn meines Lebens. Briefe an Marc, Freiburg i. Br. [2]1989: 18 = Sa. n. Ascherm.; 47 = 5. So.; 61f 66f = Fr. n. Ascherm.; 62 67 = 2. So.; 69f 70f = Di. 2. Wo.; 83f = Fr. 5. Wo.; 84 85 = Mo. 4. Wo.; 85-87 = Do. n. Ascherm.; 87 = Fr. 1. Wo.; 91f = 3. So.; 102-106 = Mo. 3. Wo.; 106 = 4. So.; 116f = Do. 5. Wo.; 118f = Di. 1. Wo.

Mit offenen Händen, Düsseldorf 1968: 25 = Di. 1. Wo.

Nachts bricht der Tag an. Tagebuch eines geistlichen Lebens, Freiburg i. Br. 1989: 70f = Mi. d. Karwo.; 84f = Fr. 1. Wo.; 86 = Do. n. Ascherm.; 89f = Sa. 2. Wo.; 106f = Mo. d. Karwo.; 116 = Do. 4. Wo.; 140 = Di. 4. Wo.; 140f = 1. So.; 169 = Aschermittwoch; 165f

= Palmsonntag; 177 = 5. So.; 179f = Mi. 4. Wo.; 180f = Sa. 4. Wo.; 189 = Do. 4. Wo.; 191f = Di. d. Karwo.; 193f = Sa. 2. Wo.; 194 = Do. 4. Wo.; 195f = Gründonnerstag; 196f = Karfreitag; 198f = Ostern.

Schöpferische Seelsorge, Freiburg i. Br. 1989: 57f = Fr. 2. Wo.; 135 = Fr. 2. Wo.

Sterben, um zu leben. Abschied von meiner Mutter, Freiburg i. Br. [3]1987: 84f 112 = Karsamstag.

Von der geistlichen Kraft der Erinnerung, Freiburg i. Br. [3]1989: 27f = 1. So.; 39f = Mi. 3. Wo.

Wohin willst du mich führen. Notizen aus Lateinamerika, Freiburg i. Br. 1983: 39f = 3. So.; 75 77 78 = Mi. 1. Wo.; 78 = Di. 5. Wo.; 88 = Do. 5. Wo.; 174 = Mi. 3. Wo.; 183 = Mi. 5. Wo.; 249f = Di. 5. Wo.

Die Gebetstexte sind dem o.g. Band „Gebete aus der Stille" entnommen, ausgenommen die liturgischen Gebete, die zitiert sind nach „Schott-Meßbuch für die Sonn- und Festtage des Lesejahres A", Freiburg i. Br. 1984, und „Schott-Meßbuch für die Wochentage. Teil I: Advent bis 13. Woche im Jahreskreis", Freiburg i. Br. 1984. Die Gebete vom Montag der 3. Woche, vom Mittwoch der 4. Woche, vom Montag und Donnerstag der 5. Woche sind aus: Johannes Bours, Zu dir rufe ich. Das tägliche Schriftgebet, Freiburg i. Br. [6]1989.